Bernd Holtwick
Martina Fuchs
Rena Gerullis

Weidenkörbe flechten

2., aktualisierte Auflage

Ulmer

Inhaltsverzeichnis

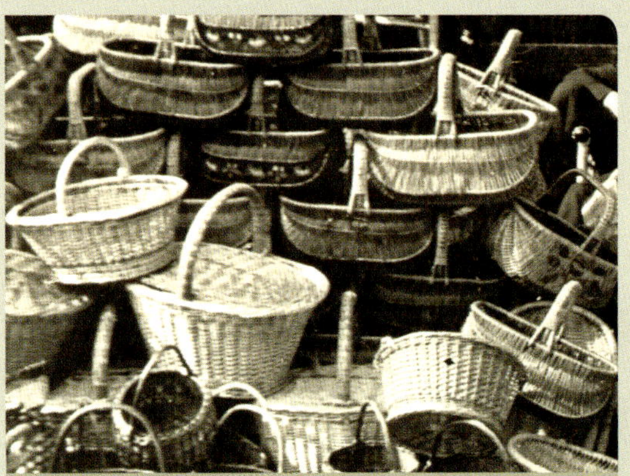

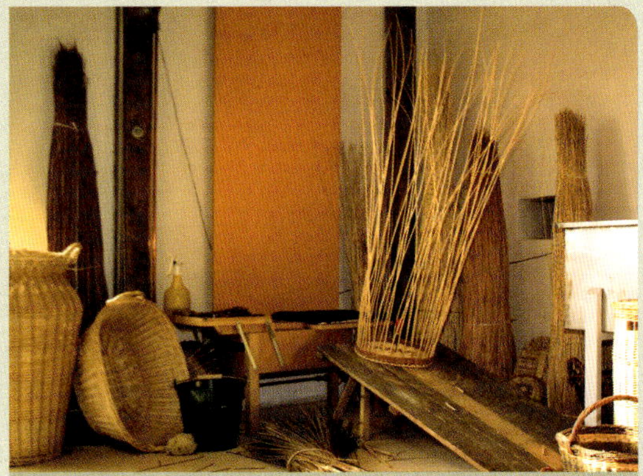

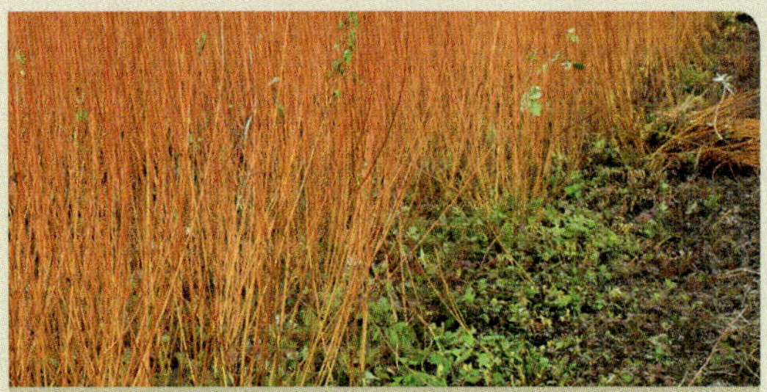

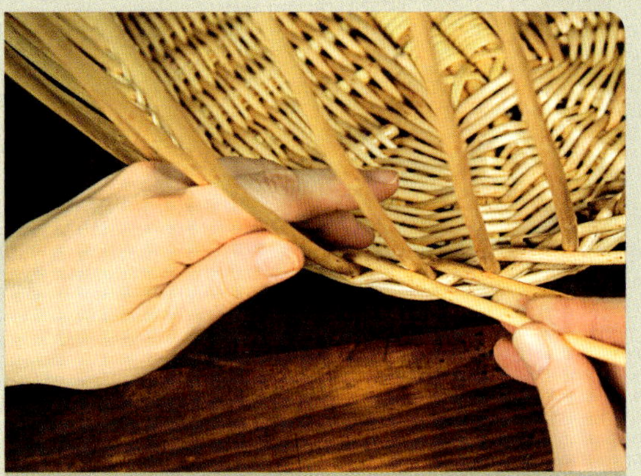

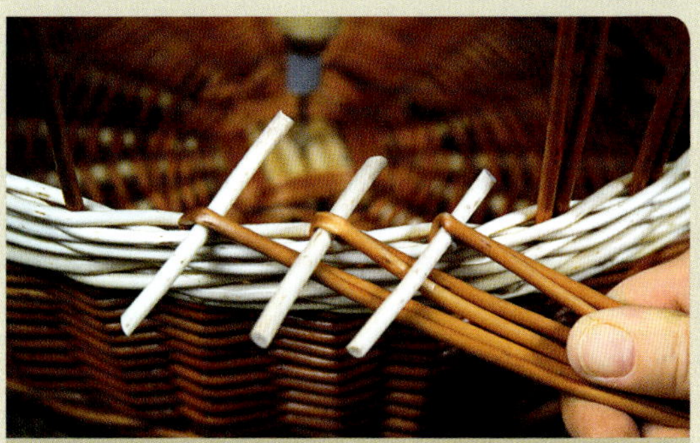

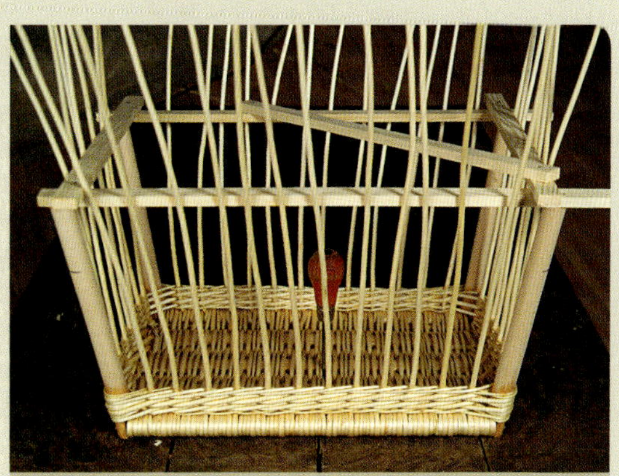

Die wichtigsten Korbtypen 44

Fundus für Fortgeschrittene 110

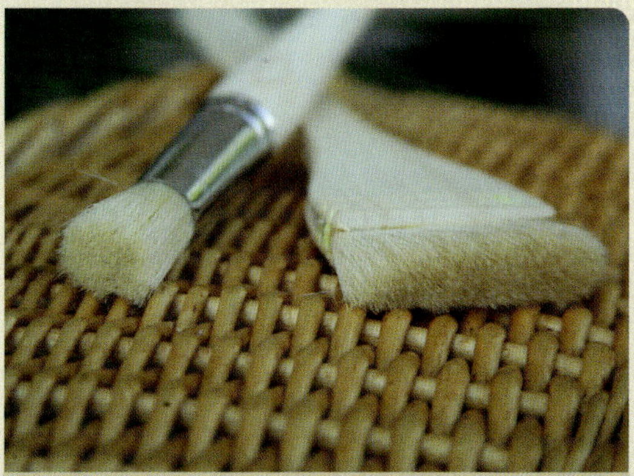

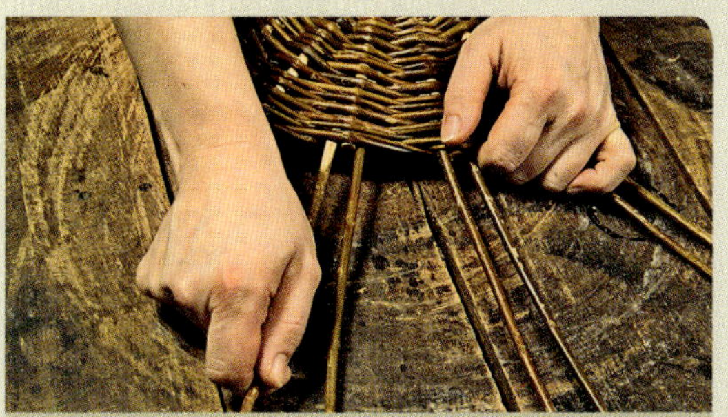

Oberflächenbehandlung 104

Auf einen Blick 117

Die wichtigsten Böden, Füße, Geflechte, Ränder und Henkel in übersichtlichen Tabellen

Informationen 120

Einführung

Ein Korb ist zweifellos nützlich – und doch möchte niemand „einen Korb bekommen“. Die bekannte Redensart bezieht sich auf einen Korb mit durchlöchertem Boden, den ein verliebter Mann von seiner Angebeteten aus dem Fenster heruntergelassen bekam. Sie signalisierte ihm damit, dass sie ihn nicht – wie er gehofft hatte – in dem Korb zu sich hinaufziehen würde, sondern dass er „durch den Korb fällt“, sollte er versuchen hineinzusteigen.

Diese Verwendung als Transportmittel zeigt, wie vielfältig Körbe und andere Flechtarbeiten früher eingesetzt wurden. Körbe waren unverzichtbare Gegenstände des täglichen Bedarfs. Ihre Herstellung war bis zum 19. Jahrhundert so selbstverständlich, dass der Satz „Der Korb ist gemacht“ ganz allgemein signalisierte, dass eine Arbeit erledigt war. Heute gilt das nicht mehr. Körbe sind keine Allerweltsgegenstände, sondern etwas Außergewöhnliches in einer Welt, die auf Massenproduktion und genormte Industrieware ausgerichtet ist. Flechtwerk hebt sich ab, weil Maschinen hier nicht das Hand-Werk mit den natürlichen Produkten verdrängen können. Das Wissen um die Herstellung von Flechtarbeiten ist zwar nicht verloren gegangen, es sind aber nur noch wenige, die darüber verfügen.

Unser Buch soll hier ein wenig Abhilfe schaffen und einen Zugang zum kreativen Umgang mit natürlich gewachsenen Werkstoffen eröffnen. So biegsam und elastisch das Material auch sein mag, es bleibt eigensinnig und verlangt, dass man auf seine Eigenarten Rücksicht nimmt. Wer sich der Korbflechterei widmet, wird Kraft und Geschicklichkeit trainieren und ein Gespür für die ganz besonderen Rohstoffe entwickeln, die mit den eigenen Händen in Form gebracht werden müssen. Insofern schafft das Flechten einen Erfahrungsraum, der in einer technisierten Welt klein geworden ist.

Aber mindestens ebenso wichtig sind die Ergebnisse der Arbeit: Körbe nach eigener Vorstellung, jeder ein Unikat. Wer die Grundlagen beherrscht, kann experimentieren und neue Varianten gestalten. Der Kreativität sind kaum Grenzen gesetzt – das gilt für die Gestalt der Körbe ebenso wie für ihre Verwendungsmöglichkeiten.

Sie werden nicht nur selber etwas Dauerhaftes gestalten lernen, sondern auch einen Blick für die Qualität von Flechtarbeiten entwickeln. Wir selber erfreuen uns immer wieder an schönen Körben und anderen Flechtarbeiten und wünschen Ihnen ebenso viel Freude am Flechtwerk!

Traditionelles Korbmacherhandwerk im oberschwäbischen Museumsdorf Kürnbach.

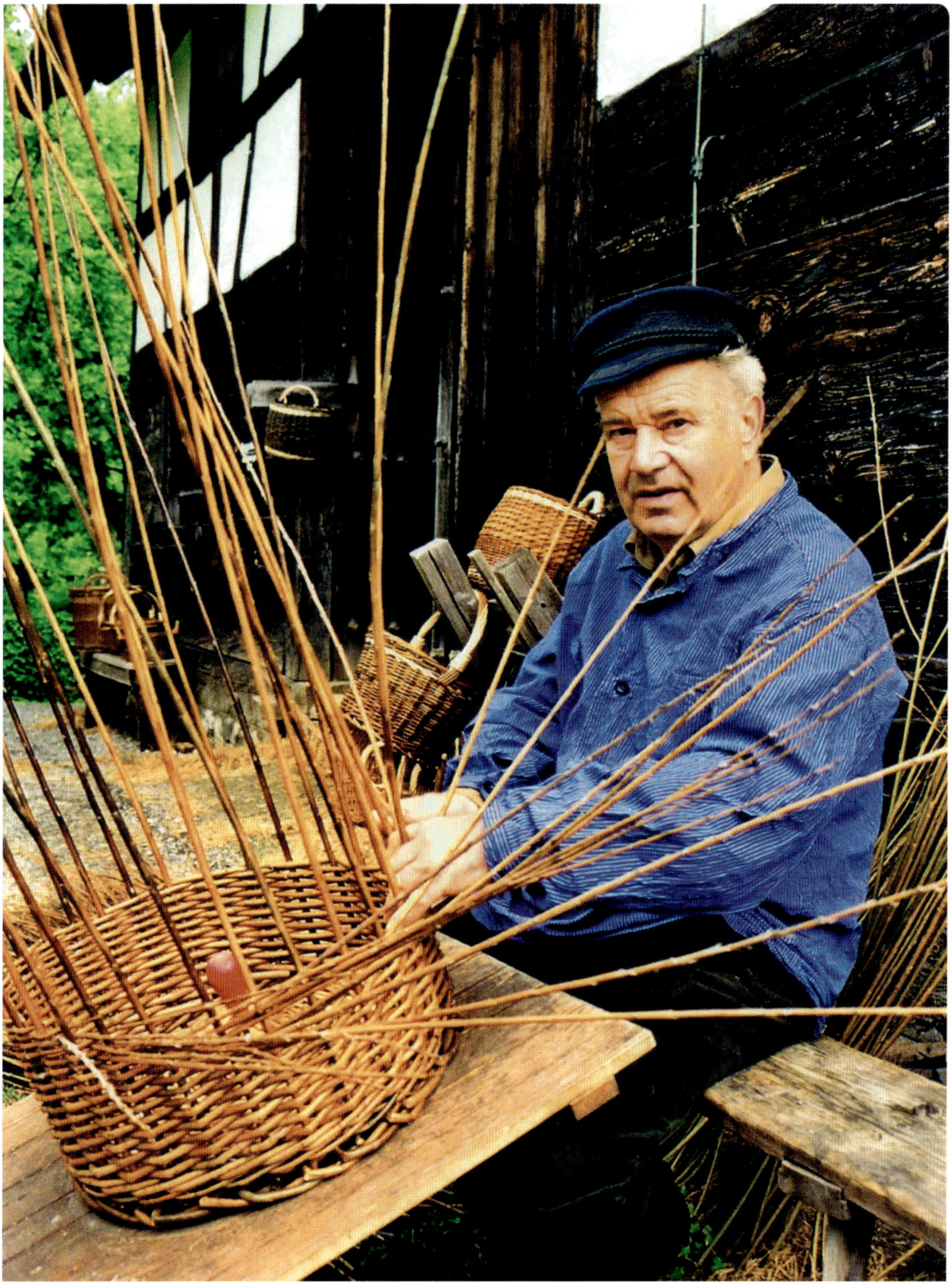

Danksagung

Viele Fachgespräche, anregende Diskussionen und gemeinsames Stöbern in Archiven mit nachfolgend Genannten haben zum Entstehen des vorliegenden Buches beigetragen. Besonders bedanken möchten wir uns auch bei den Menschen, die uns auf unseren beruflichen Wegen begleitet, ihr fachliches Können weitergegeben und uns immer wieder durch neue Aufgaben gefordert haben. Außerdem bei jenen, die uns in der Entstehungszeit des Buches auf vielfältigste persönliche Art unterstützt haben:

Dr. Ralf Baumeister, Michelle Gerullis, Sabine Hagmann, Friedel Heid, Markus Heid, Walter Keyser, Hans Maier, Günter Mix, Stefan Scheffelmann, Gert Semet, Margot Spohn.

Martina Fuchs,
Rena Gerullis,
Dr. Bernd Holtwick

Eine verflochtene Geschichte

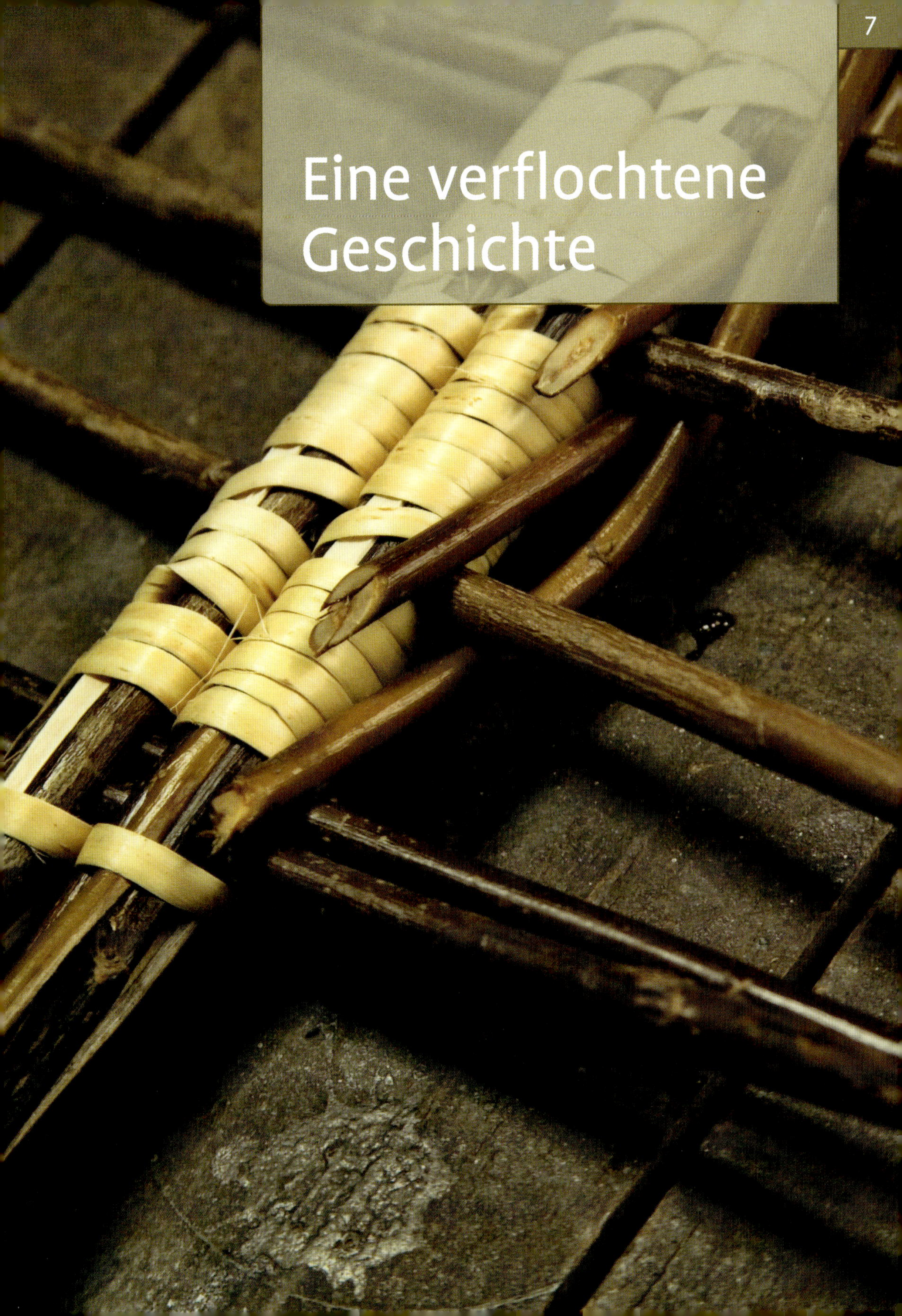

Von der Steinzeit bis heute hat sich das Flechtwerk mit dem Menschen gewandelt. Die Tradition der Korbmacherei ist mit der Kulturgeschichte der Menschheit verflochten und hat auch in unserer modernen Welt Zukunft.

Erste Flechtwerke

Das Flechten mit Naturmaterialien gehört zu den ältesten Kulturtechniken. Zusammen mit den frühesten Spuren von Siedlungen – also mit dem **Beginn der Sesshaftigkeit** vor etwa 10 000 Jahren – finden sich auch Überreste von Flechtarbeiten, die eine beachtliche Vielfalt und Kunstfertigkeit beweisen. Daraus lässt sich schließen, dass die Menschen die erforderlichen Techniken schon sehr viel länger beherrschten, auch wenn aus der Altsteinzeit keine entsprechenden Fundstücke vorliegen.

Geflochten wurden Körbe, Netze oder Kleidungsstücke. Dazu eigneten sich Gräser, Rindenbast, Zweige, Schilf, Rohr und viele andere Materialien. In Südspanien etwa wurden Überreste von 5 000 Jahre alten Flechtarbeiten entdeckt: aus Gräsern gefertigte Sandalen und kleine Körbe, die großes handwerkliches Können beweisen. Aus der selben Zeit stammen die Funde vom Federsee in Oberschwaben. Ungefähr 3 000 Jahre alt sind die Weidenkörbe, die in Auvernier am Neuenburger See in der Schweiz zutage kamen.

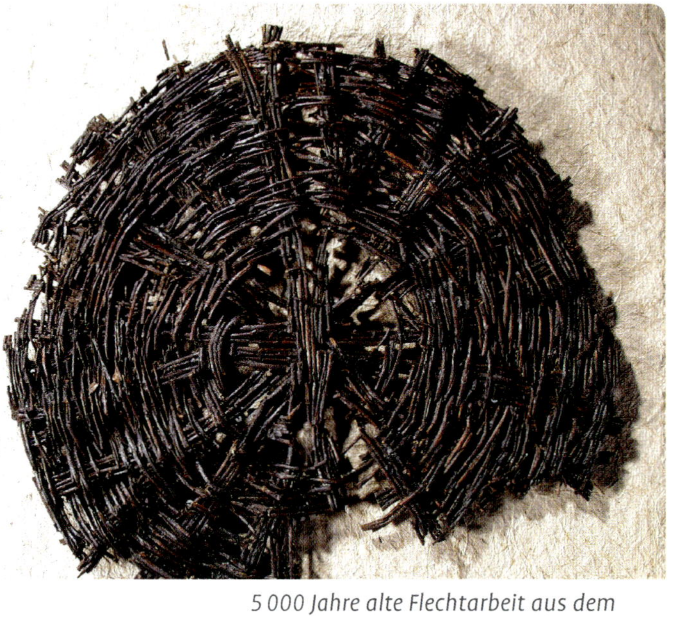

5 000 Jahre alte Flechtarbeit aus dem Federseegebiet.

Auch beim Bau von Hütten oder Zäunen kamen Flechtwerke zu Einsatz. Unser heutiges Wort „Wand“ erinnert noch daran, denn es gehört zu derselben Wortfamilie wie „Winden“ und auch „Verwandtschaft“ und bedeutete ursprünglich soviel wie „Geflecht“.

In **Ägypten** hatten Flechtarbeiten um das Jahr 1 000 v. Chr. bereits eine herausragende Qualität erreicht. Es finden sich Belege für die unterschiedlichsten Formen von Taschen, Matten oder Körben. Auch Korbmöbel waren verbreitet.

Ausführliche schriftliche Darstellungen der verschiedenen Schritte, die etwa zum Ernten der Ruten und zur Fertigung der Körbe erforderlich sind, haben sich aus **römischer Zeit** ab dem dritten Jahrhundert vor Christus erhalten.

Aus dieser Epoche stammen auch die ältesten Abbildungen von Korbmacher-Werkzeugen, wie sie zum Beispiel auf einem Grabstein aus Vincenza aus dem ersten Jahrhundert vor Christus zu sehen sind. Schon aus dieser Zeit ist die Anlage und Pflege von Weidenkulturen belegt – einer der sieben Hügel des antiken Rom trägt den Namen „Weidenhügel“ (lateinisch: viminalis collis). Bemerkenswert ist, dass sich weder die Arbeitsschritte noch die Werkzeuge seitdem grundlegend verändert haben.

DAS KÖRBCHEN IM NIL

Ein schriftlicher Beweis für das Alter der Flechtkunst findet sich heute in fast jedem Haushalt: Die Bibel berichtet im zweiten Buch Mose davon, wie Moses als Säugling von seiner Mutter in einem geflochtenen Korb auf dem Nil ausgesetzt wurde, da das Kind andernfalls von den ägyptischen Machthabern getötet worden wäre:

„Als sie ihn aber nicht länger verbergen konnte, machte sie ein Kästlein von Rohr und verklebte es mit Erdharz und Pech und legte das Kind hinein und setzte das Kästlein in das Schilf am Ufer des Nils."

Die Tochter des Pharaos fand den Korb und rettete das Baby. Wie wäre die Geschichte wohl ohne den rettenden Korb verlaufen?

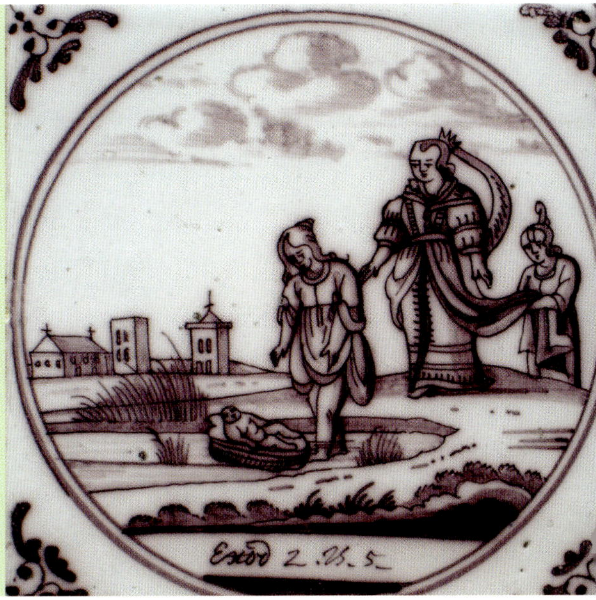

Geschnitten wurden die Weiden im Herbst und Winter. Die Ruten wurden entweder ungeschält verwendet oder direkt nach der Ernte geschält.

An Werkzeug genügen bis heute Messer und Hobel, um die Ruten zuzuschneiden und zu bearbeiten, ein Pfriemen, um Löcher zu stechen, und ein Schlageisen, um die geflochtenen Ruten eng zusammenzulegen.

Schon die römischen Korbmacher flochten Behälter für die Weinlese und andere **landwirtschaftliche Körbe und Geräte** wie Siebe oder Kornschwingen zur Reinigung des gedroschenen Getreides von der Spreu.

Die **vielseitige Verwendung** von Körben belegt ein Fund aus der im Jahr 79 n. Chr. bei einem Ausbruch des Vesuv verschütteten Stadt Pompeji: über 200 kleine Schrifttafeln mit privaten und geschäftlichen Dokumenten wurden in einem Korb aufbewahrt. Auch Korbmöbel, vor allem Sessel oder Kästen, gehörten in vielen antiken Gebäuden zum Inventar. Flechtarbeiten schützten Glasflaschen oder tönerne Amphoren vor dem Zerbrechen. Wagen-Umrandungen ließen sich leicht und haltbar aus Flechtwerk herstellen. Und Körbe dienten schließlich auch als Grabbeigaben oder fanden als Opferkörbe und Urnen Verwendung.

An der **Vorherrschaft der Weidenrute als Flechtmaterial** änderte sich von der Antike bis ins 19. Jahrhundert hinein nichts. Auch das breite Spektrum von geflochtenen Produkten blieb in seinen Grundzügen von der Antike bis in die Zeit der Industrialisierung im 19. Jahrhundert erhalten. Es orientierte sich am traditionellen Bedarf in Haushalt und Landwirtschaft und veränderte sich deshalb nur langsam und über größere Zeiträume.

Ein weit verbreitetes Gewerbe

Vom **Mittelalter bis ins 19. Jahrhundert** verhinderten gerade die Verbreitung von Flechtarbeiten und die Alltäglichkeit ihres Gebrauchs die Ausbildung ei-

LIED DER KORBMACHER

Jetzt greife an, so schnell jeder kann,
Wir wollen in die Weiden,
Woll'n wacker drauf los schneiden,
Schälen, schlitzen fein,
Und hobeln obendrein!

Und wenn nun geht alles um und um,
Wir flechten Körb' und Hüte
Aus allerbester Güte
Und desgleichen mehr
Verschaffen wir auf Ehr.

Als voran geht Schwefeln auch noch an,
Und darnach das Lackieren,
Das Richten, das Frisieren,
Dies alles verursacht
Die allerschönste Pracht.

In das Feld und in die weite Welt,
Nach Süden und nach Norden,
Nach West und anderen Orten
Wird, was von uns're Hand
Gefertigt, hingesandt.

Und am End verdienen uns're Händ'
Gar manchen schönen Pfennig,
Und doch hat mancher wenig,
Weil er eben nicht
Brav fleißig drauf los flicht.

Groß und klein soll deshalb fleißig sein,
Wir können stets uns nähren,
Soll's noch so lange währen,
Kinder, Mann und Frau
In unserem Michelau.

Rohr, Hanf, Flachs, Celluloid und Wachs,
Patentschnur und Bänder
Aus aller Herren Länder
Alles wird verwert',
Was erzeugt die Erd!

Binsen, Stroh, Lisch,
Ziert unsern Arbeitstisch,
Sinnet, Lufa, Flotten,
Und tausende von Borten,
Schilf und Raffia
Vom fernen Afrika."

Strophen 1-6: Adam Leupold, Michelau 1839
Strophen 7-8: Fritz Aumüller, Michelau 1895

nes eigenständigen Berufsbildes. Körbe beispielsweise wurden auf dem Lande über Jahrhunderte hinweg im Nebenerwerb von der bäuerlichen Bevölkerung gefertigt. Dazu war keine besondere Ausbildung erforderlich, sondern es genügten Kraft, Geschicklichkeit und der Zugang zu den Rohstoffen. Die Korbmacherei diente als „Nebengewerbe für ländliche Tagelöhner oder als Nothbehelf von Krüppeln und Gebrechlichen" (Hotop, 1896).

Da es ohne aufwendige Vorbereitung oder große Kosten für Geräte oder Gebäude möglich war, mit dem Korbflechten ein Zubrot zu verdienen, war eine Regulierung der Märkte – auf der die Zünfte grundsätzlich beruhten – schwer durchzusetzen. Damit verbunden waren geringe Verdienstmöglichkeiten bei der Herstellung von Korb- und anderen Flechtwaren. Entsprechend heftig waren die Auseinandersetzungen der städtischen Korbflechter mit ihrer Konkurrenz aus dem Umland und entsprechend schwierig und langwierig gestaltete sich die **Zunftorganisation**. Insgesamt sind nur in 19 deutschen und österreichischen Städten Zunftordnungen für Korbmacher nachgewiesen. Die älteste stammt aus Köln und datiert auf 1589, dann folgen München (1590), Braunschweig (1593) und Hamburg (1595). In Frankfurt am Main belegen Quellen schon für das 14. und 15. Jahrhundert die Arbeit von Korbmachern, ohne dass je ein Zusammenschluss und eine Berufsordnung entstanden. Mehr als die Hälfte aller Korbmacher-Zünfte wurden erst um 1700 gegründet. In dieser Zeit entstand eine genügend große Nachfrage nach feineren Körben, die für ihre Herstellung eine größere Kunstfertigkeit erforderten und deshalb eine gründlichere Ausbildung verlangten. In den meisten Städten blieb die Korbmacherei jedoch gänzlich „unzünftig".

Das bedeutete gleichzeitig, dass die Korbmacherei weit verbreitet war. Die Einwohner von Dörfern oder Kleinstädten deckten ihren Bedarf bei den Handwerkern vor Ort. Die Korbmacher arbeiten vom Frühjahr bis zum Herbst in der Landwirtschaft oder bewirtschafteten einen eigenen kleinen Hof.

Nur im Winter, wenn die landwirtschaftliche Arbeit ruhte, konnten sie ihrem Gewerbe nachgehen und zogen mit den fertigen Körben über Land, um sie zu verkaufen. Eine andere Möglichkeit war die Herstellung der Flechtwaren direkt bei den Abnehmern, in der Regel Bauern, vor Ort – auf der sogenannten Stör. Die Belieferung der Kunden übernahmen auch Hausierer, die ihren Lebensunterhalt mit diesem Kleinhandel bestritten. Schließlich boten die regelmäßigen Märkte und Messen in den Städten Gelegenheit, Korbwaren zu verkaufen.

Die Körbe passten sich den **Anforderungen der Kunden** an, die regional sehr unterschiedlich sein konnten und sich nicht zuletzt nach den angebauten Früchten richteten. Kirschenpflückkörbe in ovaler Form und mit nur einem Henkel zum Aufhängen an der Leiter gehörten genauso zum Spektrum der Korbwaren wie die als Käzen bezeichneten Rückentragen der Weingärtner oder Kartoffel- und Streukörbe.

Ebenso ließen sich Körbe in allen denkbaren Größen herstellen, was auch bedeutete, dass man sie problemlos den verschiedenen Maßeinheiten anpassen konnte, die oft in einer Region nebeneinander verwendet wurden.

Körbe in Massen

Mit der **Industrialisierung** im 19. Jahrhundert trat zur traditionellen Form der Herstellung und des Verkaufs von Korbwaren etwas gänzlich Neues hinzu. Zwar wurden auch weiterhin Körbe einzeln und auf direkte Bestellung hin gefertigt und das dörfliche und bäuerliche Korbmacherhandwerk bestand fort, aber der Aufschwung der Industrie, die Verbesserung der Verkehrsverhältnisse nicht zuletzt durch die Eisenbahn und das rasante Wachstum der Städte boten neue Möglichkeiten für die Korbflechterei. In den industriellen Ballungsräumen wuchs die Nachfrage nach Körben sowohl im privaten als auch im gewerblichen Bereich. Dieser Bedarf konnte nicht mehr direkt vor Ort gedeckt werden, da es nicht genug geeignete Flächen für die Weidenanpflanzung gab und zu wenige Korbmacher.

Es entwickelten sich **regionale Zentren** der Korbmacherei, in Deutschland vor allem im Frankenwald um Coburg und Lichtenfels, in der Freiberger Mulde in Sachsen und nordwestlich von Aachen in den Flusstälern von Rur und Wurm. Diese Gegenden boten gute Voraussetzungen, weil Weiden dort hervorragend wuchsen und auch weil lukrati-

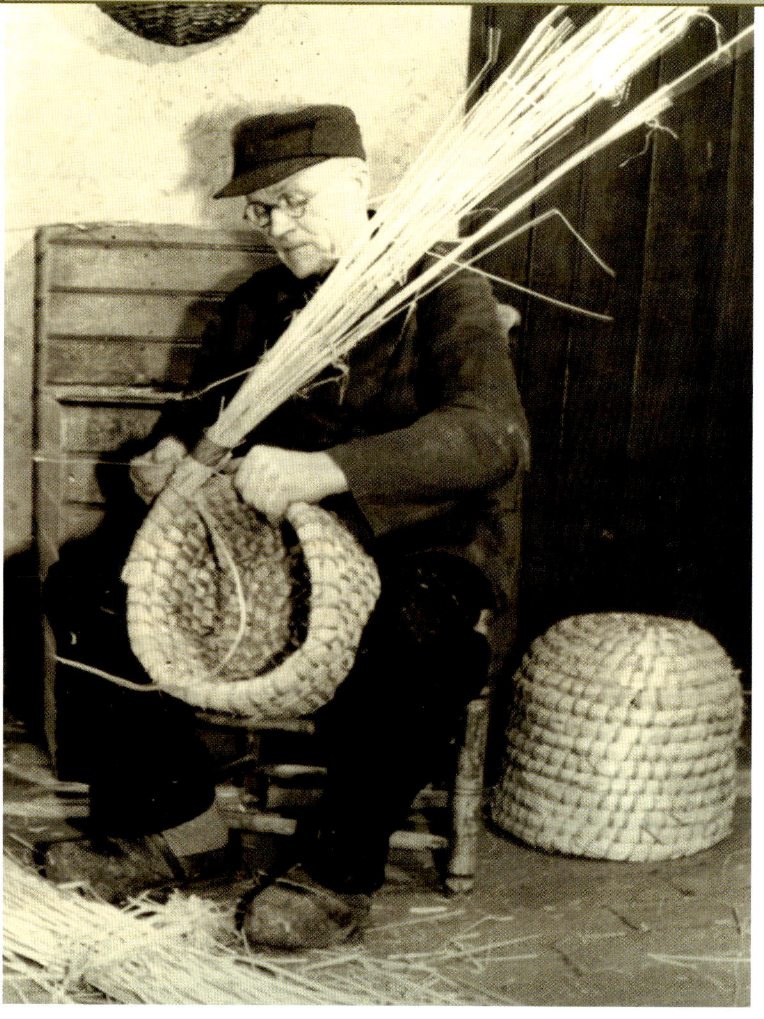

Bienenkörbe wurden früher oft als Nebenerwerb geflochten.

vere Einkommensquellen fehlten. Bessere Straßen und der Ausbau der Eisenbahn erleichterten den Transport der Korbwaren zu den Kunden in den Ballungsräumen, sodass die Entfernung zwischen Herstellern und Abnehmern an Bedeutung verlor. In den Hafenstädten Hamburg und Bremen deckten viele Korbmacher den Bedarf der Schifffahrt und der Fabriken.

Auch gab es Regionen, die sich auf bestimmte Flechttechniken oder -produkte spezialisierten wie beispielsweise das Erzgebirge auf Spankörbe oder Emsdetten auf Getreidewannen – sehr flache Körbe zur Reinigung der gedroschenen Körner von der Spreu. Die Region Oberfranken hatte sich seit Mitte des 18. Jahrhunderts wegen ihrer besonders feinen und schönen Weißkörbe aus geschälten Weidenruten einen Namen gemacht.

Allein im damaligen Regierungsbezirk Aachen wuchs die Anbaufläche für Weiden von etwa 800 Hektar im Jahr 1893 in nur sieben Jahren um 75 % auf fast 1 400 Hektar. 1907 wurden in der Provinz Rheinland, zu der auch Aachen gehörte, 2 700 Korbmacherbetriebe gezählt, davon 2 400 hauptberuflich betrieben. 4 000 Menschen lebten direkt von diesem Handwerk, dessen Zentren

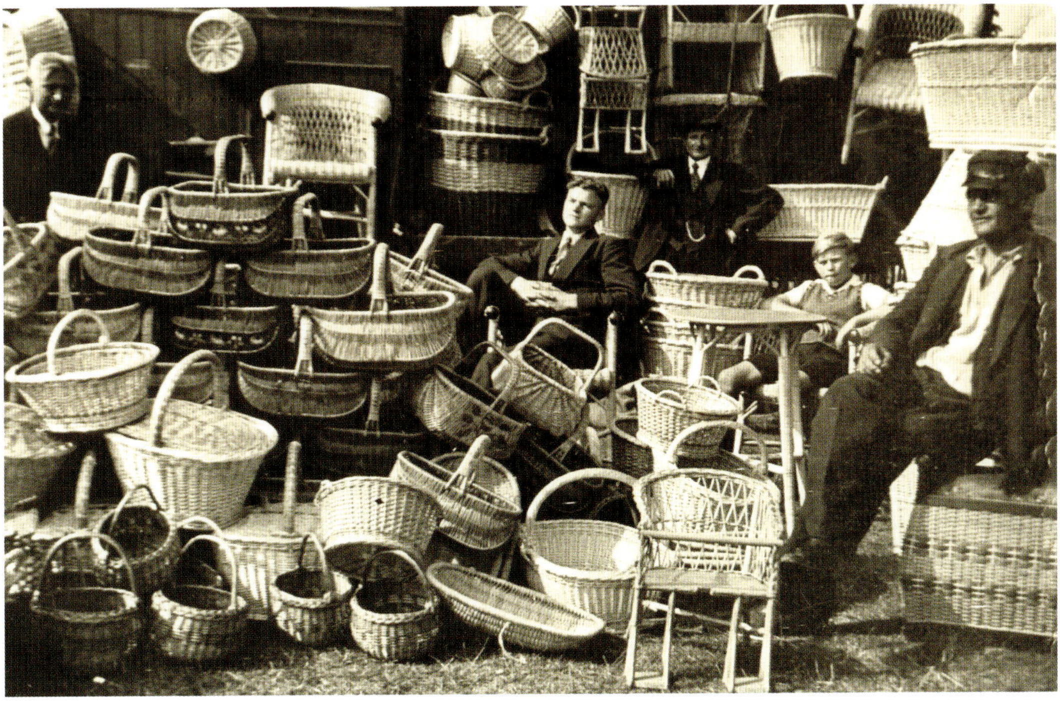

Korbhändler präsentierten ihre Produktpalette oft auf Messen.

in Heinzberg und in Geilenkirchen lagen.

Im Regierungsbezirk Oberfranken, der die Gegend um Lichtenfels umfasste, arbeiteten zur selben Zeit sogar 5 500 Personen als Korbmacher. Im Bezirk Lichtenfels rechnete die Statistik die Hälfte aller Erwerbstätigen, fast 3 500 Personen, zur Korbmacherei. Diese arbeiteten in knapp 1 600 Betrieben. Nach gut begründeten Schätzungen verdienten in dieser Region 15 000 Menschen direkt im Korbmachergewerbe ihr Auskommen oder doch ein wichtiges Zubrot. Das erhob den Raum **Lichtenfels** zum wichtigsten Korbmacherzentrum in Deutschland.

Allein im Jahr 1912 wurden von Lichtenfels und Coburg aus mehr als 3 500 Tonnen Korbwaren mit der Eisenbahn verschickt. Entsprechend groß war die Einfuhr von Rohmaterialien, da sich ein Bedarf dieses Ausmaßes nicht mehr aus der Region decken ließ.

Die Verteilung der fertigen Produkte übernahmen seit Mitte des 19. Jahrhunderts immer weniger die Korbflechter selbst. An ihre Stelle traten **Zwischenhändler**, die entweder aus dem Kreis der Korbmacher selber hervorgingen oder Krämerläden besaßen. Einige Geschäfte wuchsen zu beträchtlicher Größe heran. Die großen **Handelshäuser** ließen sich von über 300 Korbflechtern und mehr beliefern. Sie konnten damit durchaus 30 000 Muster im Programm haben und unter Berücksichtigung der verschiedenen Größen etwa 150 000 unterschiedliche Körbe anbieten.

Die Waren mussten natürlich auch für den Kunden ansprechend präsentiert werden. Der klassische Ort dafür

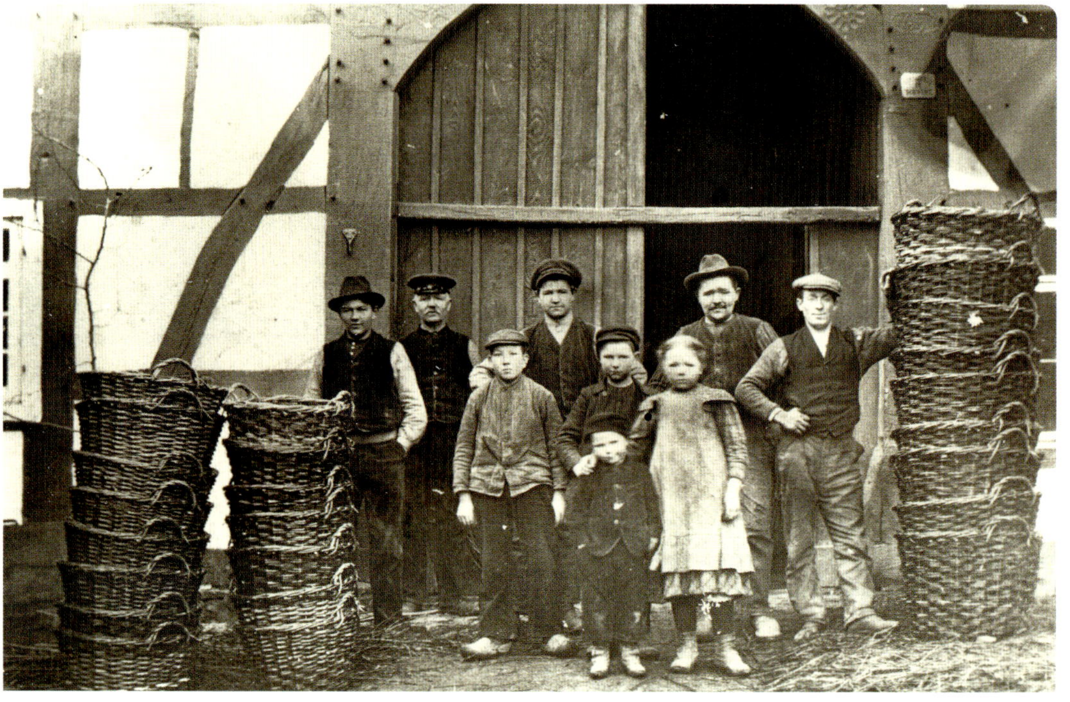

Auch Kinder mussten im Korbmacherbetrieb mitarbeiten.

war die Messe, aber auch neue Wege wurden beschritten. So erschien 1850 der erste **gedruckte Katalog** eines Korbhändlers, der schon über 1 000 verschiedene Flechtarbeiten enthielt.

Was angesichts der heutigen Situation der Korbmacherei kaum vorstellbar erscheint: Korbwaren aus dem deutschsprachigen Raum gingen in großem Stil ins Ausland – die Korbwarenfertigung war eine **Exportindustrie**. Als einer der Gründer des internationalen Korbwarenhandels wird Joseph Krauß aus Lichtenfels genannt, der sich 1823 mit seinem Karren auf den Weg nach Frankreich, Spanien und Portugal machte und schließlich bis nach Südamerika kam. Schon Ende des 18. Jahrhunderts aber wurden oberfränkische Körbe in den Niederlanden und in Russland verkauft. Brachten zunächst noch die Korbmacher selbst ihre Waren ins Ausland, so übernahmen ab der ersten Hälfte des 19. Jahrhunderts Händler diese Aufgabe. Sie belieferten zunächst die Nachbarstaaten wie Frankreich, die Schweiz oder Belgien und die Niederlande, seit den 1860er Jahren auch Großbritannien und Nordamerika. Weitere Regionen kamen hinzu, sodass vor dem Ersten Weltkrieg von einem weltweiten Handel mit deutschen Korbwaren gesprochen werden kann.

Allerdings bedeutete das auch, dass sich die deutschen Korbmacher dem globalen Wettbewerb stellen mussten. Gegenüber den französischen Berufskollegen profitierten sie von ihrem größeren Einfallsreichtum und ihrer Vielseitigkeit bei der Entwicklung neuer Muster vor allem seit dem späten 19. Jahrhundert.

In Großbritannien beschränkte sich die einheimische Produktion eher auf einfachere Waren oder auf Möbel. Große Mengen an Korbwaren wurden eingeführt: 1907 kamen 17,5 % der eingeführten Körbe aus Deutschland, 29,1 % und damit die größte Menge aus Belgien, 19,7 % aus den Niederlanden.

Italien exportierte einfache Korbwaren vor allem nach Österreich-Ungarn, in die Schweiz und nach Frankreich.

Der Export aus Deutschland in die USA lohnte sich, weil das deutsche Lohnniveau geringer war als das amerikanische. Japan wiederum unterbot die europäischen Preise und zeichnete sich durch besonders feine Produkte aus.

Hand in Hand mit der Ausweitung des Exports ging die **Einführung neuer Flechtmaterialien**. Seit etwa 1850 verbreiteten sich Rattan und Peddigrohr, die aus dem Stamm der südostasiatischen Rotangpalme gewonnen werden, ebenso wie die Blattrippen einer kubanischen Palmenart. Spanien lieferte Esparto-Gras und aus China und Japan kamen verschiedene Strohsorten. Die Hersteller mussten den Geschmack ihrer Kundschaft im In- und Ausland erkunden und möglichst genau bedienen – das bedeutete auch, sich wechselnden Moden flexibel anzupassen.

Im 19. Jahrhunderts kamen viele neue Flechtmaterialien auf den Markt. Das Korbmacherlied des Volksschullehrers Adam Leupold aus dem Jahr 1839 spiegelt das gut wieder, denn es behandelte ausschließlich die Weide – und wurde deshalb 1895 um zwei Strophen ergänzt, welche die vielen neu hinzugekommenen Materialien aufführen (siehe Seite 10).

Die Einfuhr von Rohstoffen aus aller Herren Länder und der Vertrieb von Korbwaren in die ganze Welt brachten aber nicht nur neue Verdienstmöglichkeiten, sondern auch globale Abhängigkeiten mit sich. Das zeigte sich, als durch die Wirren des kubanischen Unabhängigkeitskampfes gegen die spanische Kolonialmacht in den Jahren 1876 und 1896 bis 1899 kaum noch Palmblätter nach Europa gelangten. Dadurch stieg der Preis für die Palmkörbe so sehr, dass sie nicht mehr abzusetzen waren und die Korbflechter sich nach neuen Verdienstmöglichkeiten umsehen mussten. Aus Peddigrohr geflochtene Möbel bereicherten seit dem Ende des 19. Jahrhunderts die Produktpalette der Korbmacher. Pionier war dabei eine Coburger Firma, welche die Idee von der Weltausstellung in Chicago mit nach Oberfranken brachte und dort weiterentwickelte.

Der eigentliche Herstellungsprozess der Korbwaren veränderte sich durch die Industrialisierung nicht. Es gibt bis heute keine Maschinen, die Flechtwerk aus Naturmaterialien herstellen können, sofern man einmal von den einfachen Geflechten für Stühle und dergleichen absieht. Neu dagegen war die **starke Position der Händler**, die die Aufträge der Kunden entgegennahmen und die Korbmacher mit der Herstellung beauftragten. Als Grundlage diente dabei das Musterbuch der Händler, an dem sich die Korbflechter orientierten.

Die Stellung der Korbmacher unterschied sich darin, ob sie sich das Material für die bestellten Körbe selber beschafften oder ob sie es vom Händler erhielten und damit im Grunde zu **Lohnarbeitern** wurden. Sie waren aber noch schlechter gestellt als die Arbeiter, da sie ihre Werkstatt selber stellen und auf Versicherungsschutz oder ähnliche Absicherungen verzichten mussten. Die

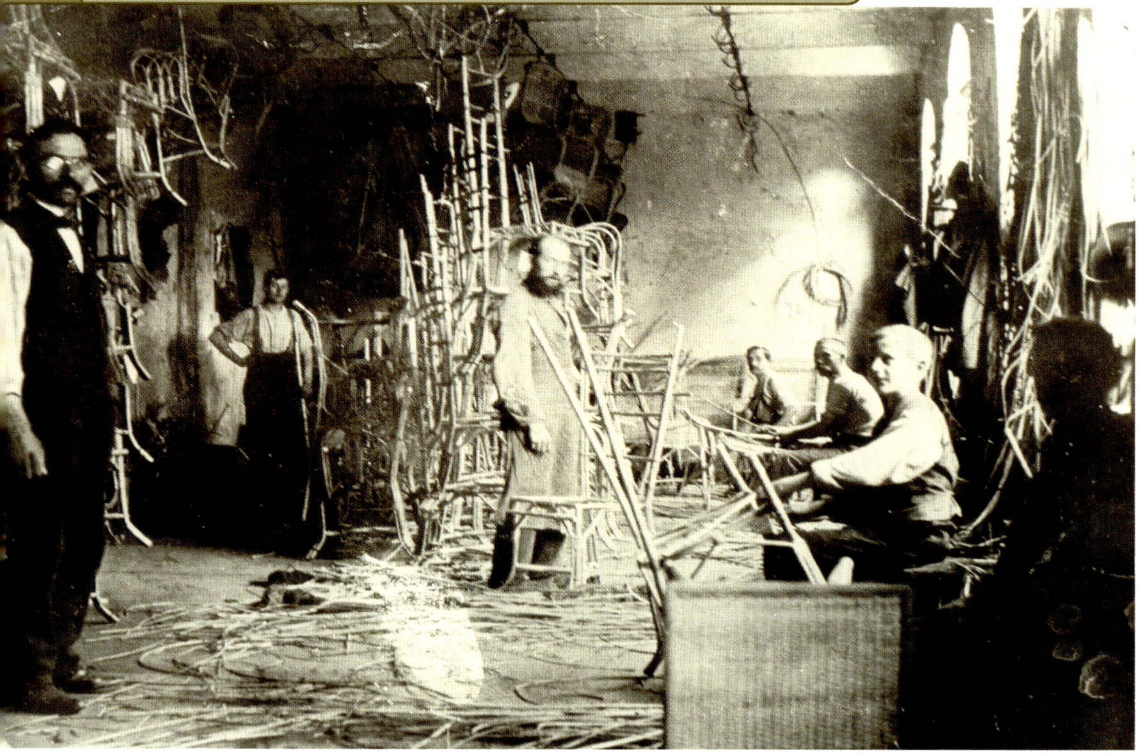

Blick in eine Korbstuhlmacherwerkstatt um 1900.

Abhängigkeit von einem Händler konnte so weit gehen, dass die Korbmacher gar nicht mehr mit Bargeld bezahlt wurden, sondern mit Lebensmitteln, Flechtmaterialien und anderen Waren, die wiederum aus dem Laden des Händlers stammten – und an denen er zusätzlich verdiente. In einer günstigeren Position waren Korbmacher, die Aufträge von mehreren Händlern bekamen und dadurch einen gewissen Verhandlungsspielraum gewannen oder sich durch besonderes Geschick auszeichneten und beispielsweise Musterkörbe fertigten.

Seit Ende der 1860er Jahre verschlechterte sich die wirtschaftliche Lage der Korbmacher deutlich. Während sie bis dahin ein mit anderen Arbeitern vergleichbares Einkommen erzielt hatten, musste um 1900 eine ganze Familie flechten, um den Lohn eines einzelnen Fabrikarbeiters zu verdienen. Dabei waren die Kosten für die Werkzeuge und Arbeitsräume noch nicht eingerechnet.

Viele Korbmacher verfügten über weitere Einnahmequellen, indem sie entweder Landwirtschaft betrieben oder ein anderes Gewerbe zusätzlich ausübten. Das sicherte ihnen das wirtschaftliche Überleben, schützte sie aber nicht vor teilweise **extremen Arbeitsbelastungen** oder vor der Notwendigkeit, ihre Frau und die Kinder mitarbeiten zu lassen. Bemerkenswerterweise sahen die Beobachter um die Jahrhundertwende darin aber weniger ein Problem für die körperliche und geistige Entwicklung der Kinder, sondern vor allem für ihre moralische: Die Kinder entwickelten sich angeblich durch den dauernden Kontakt mit anderen männlichen oder weiblichen Arbeitern zu „frühreifen, leichtfertigen Geschöpfen“

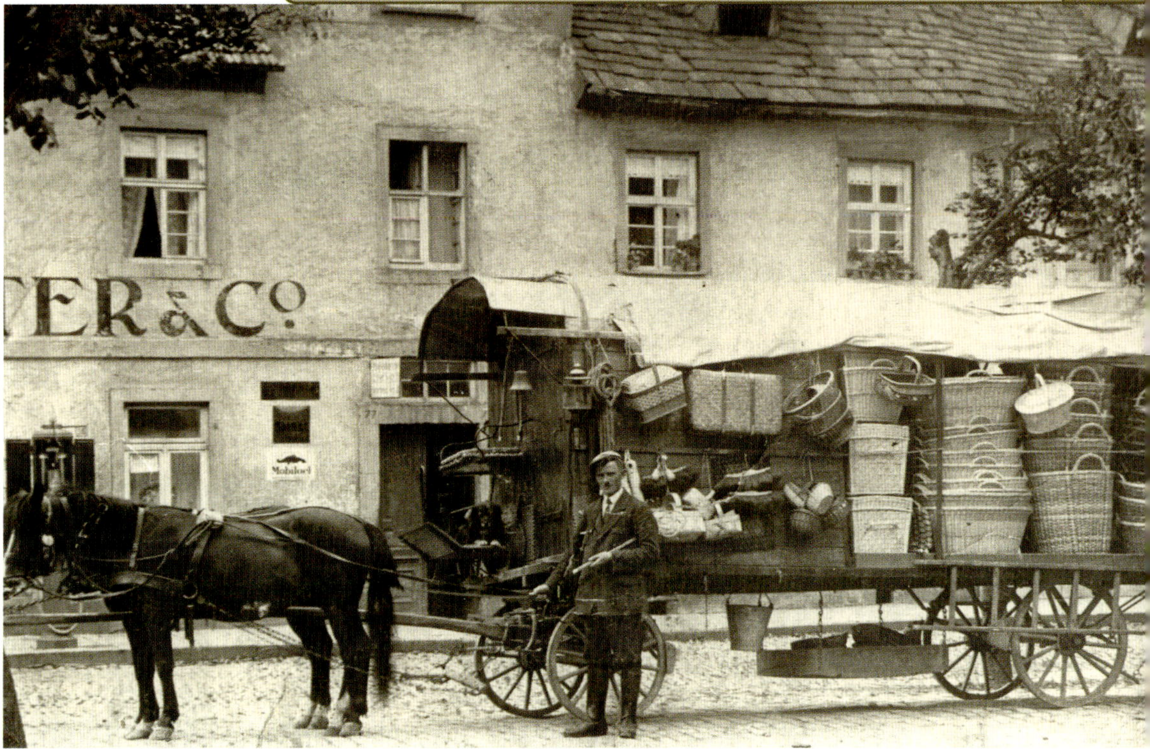

Korbmacher mit seinem Wagen um 1930.

(Brauer, 1914), was als Erklärung für die große Zahl nichtehelicher Kinder in den Korbmachergebieten herangezogen wurde.

Letztlich hielten die **nicht oder nur gering bezahlten Familienangehörigen** vor allem die Lohnkosten bei der Korbherstellung niedrig. Nur wenige Korbmacher konnten sich wirtschaftlich eine größere Unabhängigkeit bewahren, indem sie neue Flechtwaren entwickelten und diese verschiedenen Händlern anboten und sie meistbietend verkauften. Auch war es lukrativ, möglichst direkt an die Kunden zu verkaufen und den Zwischenhandel zu umgehen. Beides stellte aber recht hohe Anforderungen an den Handwerker, die über das Geschick beim Flechten deutlich hinausgingen.

Zwischen den verschiedenen Formen der Ausübung des Korbmachergewerbes – als Lohnarbeiter oder formal selbstständiger Unternehmer – gab es vielfältige Mischungen und Übergänge. Erst wenn es um die Frage ging, ob und wie jemand Beiträge zur Kranken- und Rentenversicherung zahlen musste, gewann eine präzise Abgrenzung an Bedeutung. Trotzdem gingen klare Zuordnungen oft an der Alltagsrealität vorbei. **Größere Korbmacherbetriebe** mit vielen Beschäftigten gab es vor allem in der Möbelfertigung, die seit Ende des 19. Jahrhunderts in Deutschland ihren Siegeszug antrat.

Einzelne Betriebe spezialisierten sich auch auf öffentliche Aufträge wie das Flechten von Geschosskörben für das Militär.

Für alle Korbmacher galt, dass sie ihr Einkommen nur halten oder gar vergrößern konnten, wenn sie sich flexibel auf den Wandel der Nachfrage einstellten.

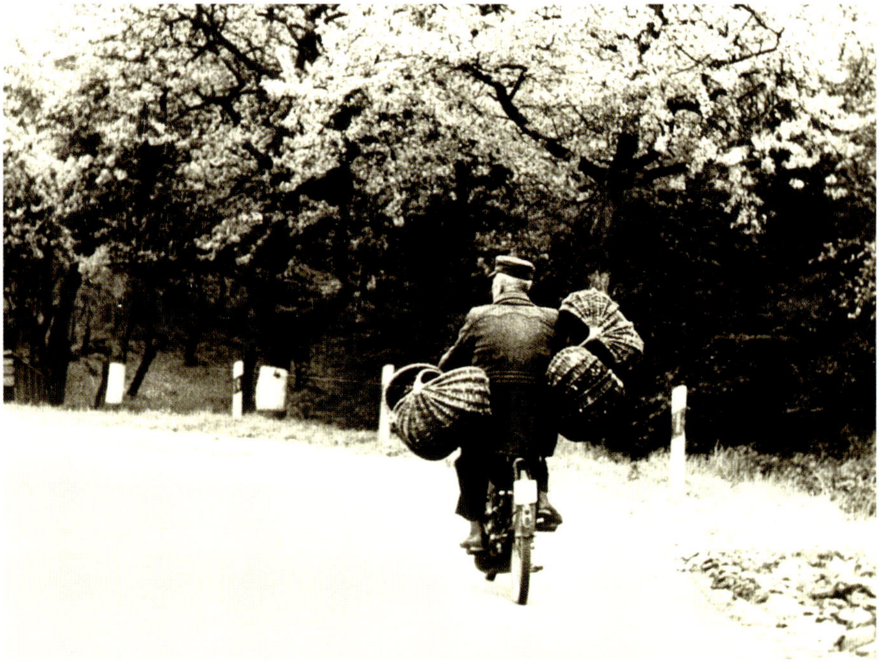

Wie wird der Weg in die Zukunft sein?

So ließ um die Jahrhundertwende das Interesse der Kundschaft an Palmkorbarbeiten und ebenso an groben Weidenkörben spürbar nach. Die Korbmacherhochburg Lichtenfels in Oberfranken halbierte von 1911 bis 1912 fast ihre Einfuhr von Palmblättern und die Lieferungen von Weidenruten schrumpften um 15 %. Trotzdem konnte man in den letzten Jahren vor dem Ersten Weltkrieg durchaus von einer **Hochkonjunktur** der Korbmacherei sprechen.

Es lässt sich leicht vorstellen, welche Auswirkungen der Ausbruch des Ersten Weltkrieges im August 1914 auf einen derartig globalisierten Wirtschaftsbereich wie die Korbwarenfabrikation hatte. Der Export brach als Einnahmequelle binnen weniger Wochen fast völlig zusammen. An seine Stelle traten Rüstungsaufträge, vor allem die Herstellung der nun in riesigen Mengen benötigten Geschosskörbe. Diese war handwerklich sicher wenig anspruchsvoll und monoton, dafür aber gewinnbringend. Die Korbmacherbetriebe im Raum Aachen beispielsweise hatten bei Kriegsende 1918 ihren höchsten Beschäftigungsstand erreicht.

Das Kriegsende bedeutete auch das Ende der einträglichen Rüstungsaufträge. Auf dem deutschen Binnenmarkt gab es zwar einen gewissen Nachholbedarf, weil während des Krieges die Rüstungsproduktion Vorrang genossen hatte und nicht mehr genügend Material für den Verkauf an Privatleute zur Verfügung gestanden hatte. Letztlich reichte das aber nicht aus, denn durch den Krieg waren die Kontakte ins Ausland abgerissen, sodass der Export als Verdienstquelle weiterhin ausfiel. Im Ergebnis stand die Korbflechterei in Deutschland vor einer **Krise**, die sie im Verlauf der 1920er Jahre nur langsam überwand. An der Überwindung der Krise hatte die Verbreitung von Korbmöbeln in beinahe alle Haushalte einen wichtigen Anteil. Auch geflochtene Kinderwagen verbreiteten sich in den 1920er und 30er Jahren massiv. Trotzdem sank die Zahl der Korbmacher von knapp 43 000 im Jahr 1925 auf 26 000 im Jahr 1933.

Wirtschaftswunder – Korbmacherkrise

Nach dem Zweiten Weltkrieg, in den **1950er Jahren**, geriet die Korbmacherei in eine **tiefe Krise**, die den Beruf fast aussterben ließ. Die Gründe dafür waren vielfältig. Erstens kamen Transportverpackungen aus Holz, Draht und im wachsenden Maße auch aus Kunststoffen auf den Markt, die industriell in großer Stückzahl gefertigt wurden und deshalb ungleich billiger und in fast beliebigen Mengen angeboten werden konnten. Daran änderte auch die Verwendung von Kunststoff-Fäden für Flechtwaren nichts. Zweitens sorgte die Mechanisierung in der Landwirtschaft und im Transportwesen dafür, dass man auf Körbe verzichtete und auf standardisierte Industrieprodukte zurückgriff.

Mit dem **Wirtschaftswunder** stiegen schließlich die Löhne und verteuerten die Herstellung von Flechtwaren, die ja weiterhin in Handarbeit erfolgte. In der Industrie ließ sich leichter und sicherer ein besseres Einkommen erzielen als mit der Korbmacherei und auch als Nebenerwerb war sie kaum noch attraktiv. Das galt auch für die Mithilfe von Familienangehörigen, die vor dem Ersten Weltkrieg noch eine so bedeutende Rolle gespielt hatte – sie lohnte sich nun immer weniger.

Die noch vorhandene Nachfrage nach Körben deckten **Importe** aus Ländern mit einem weit geringeren Lohnniveau. Deren Produkte wurden – und werden – zu einem so geringen Preis angeboten, der einheimischen Korbflechtern keine Chance lässt.

1972 arbeitete in Oberfranken nur noch ein Siebtel der etwa 15 000 Arbeitskräfte im Korbmachergewerbe, die dort um 1900 gezählt worden waren.

Flechtwerk mit Zukunft

Die verbliebenen – und neu hinzukommenden – Korbmacher finden heute ihr Auskommen mit anspruchsvollen und hochwertigen Einzelfertigungen und betätigen sich auch im kreativen künstlerischen oder kunsthandwerklichen Bereich. Für den Erfolg genügt nicht mehr einfaches Geschick, sondern es sind besondere Fähigkeiten erforderlich, zu denen Einfallsreichsreichtum, Vielseitigkeit und auch die findige Vermarktung der eigenen Produkte gehören. Da sich gleichzeitig das Produktspektrum erheblich erweitert hat, spricht man heutzutage gern vom Beruf des **Flechtwerkgestalters**.

Die klassische Korbmacherei ist nicht ausgestorben, sie hat aber zahlenmäßig erheblich an Bedeutung verloren und sich vor allem gründlich gewandelt.

Eine Zukunft hat der Beruf auf dieser Grundlage aber ohne Zweifel!

Weiden

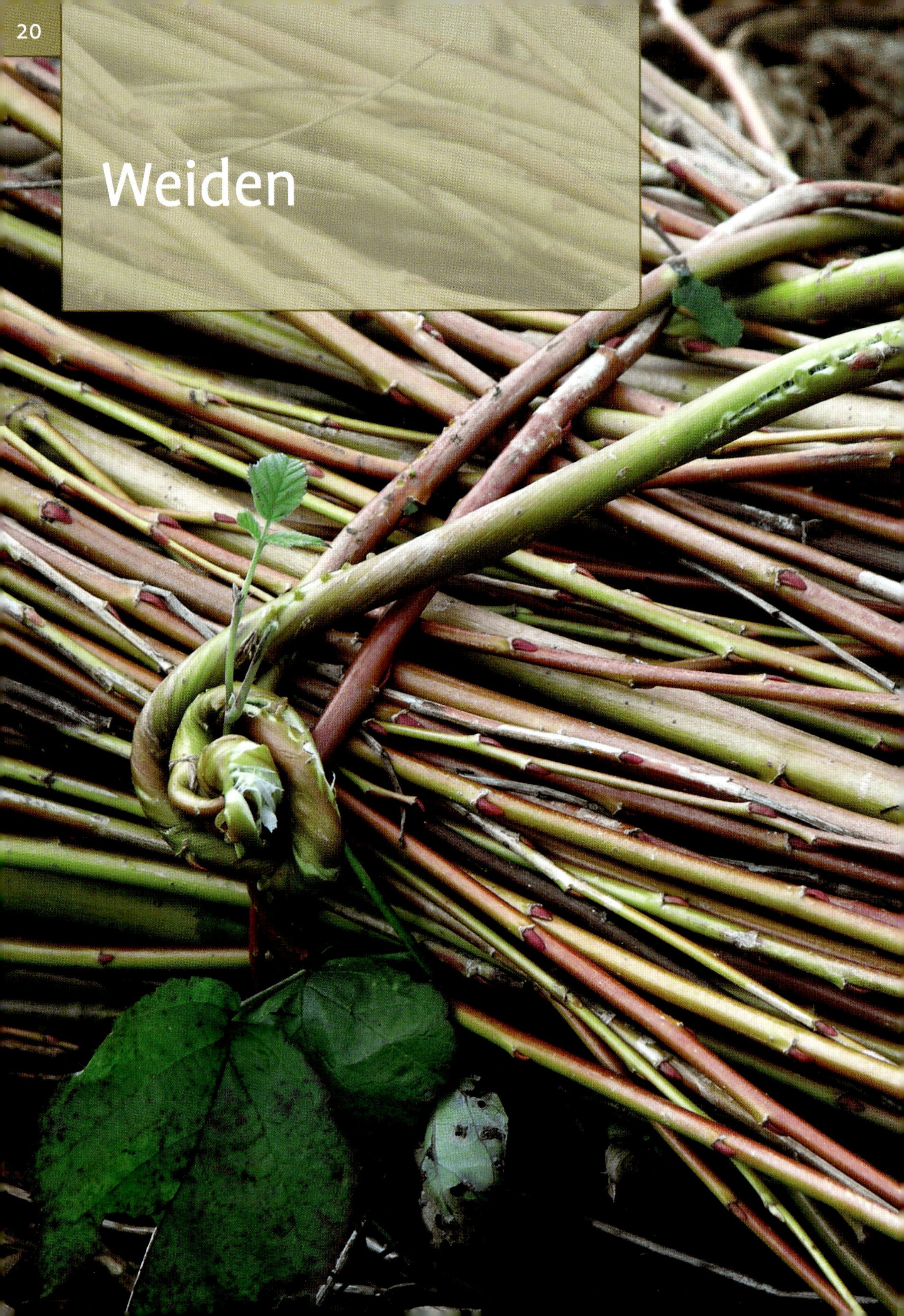

Die biegsamen Weidenruten sind von jeher das ideale Material zum Flechten von Körben. Doch Weide ist nicht gleich Weide. Art und Wuchsform der Weide, die Anlage der Weidenkultur sowie die Behandlung der Ruten nach der Ernte sind entscheidende Faktoren für die Eigenschaften des Flechtmaterials.

Weidenvielfalt

In den gemäßigten Zonen der Nordhalbkugel gedeihen auf unterschiedlichsten Böden über 300 Weidenarten. Die Gattung der Weiden (*Salix*) gehört neben den Pappeln zur Familie der Weidengewächse (*Salicaceae*). Im Laufe der Zeit wurde die Verbreitung der Weidenarten und ihrer Kreuzungen (Hybriden) gefördert, die sich mit langen, dünnen und biegsamen Zweigen gut zum Flechten eignen. Darüber hinaus hat der Mensch noch manche Weidensorte gezüchtet. Besonders gut zum Flechten eignen sich die im Folgenden vorgestellten Weiden:

- Hanf-Weide (*Salix viminalis*)
- Mandel-Weide (*Salix triandra*)
- Purpur- oder Stein-Weide (*Salix purpurea*)
- Amerikaner-Weide (*Salix × americana*)
- Filzast- oder Stock-Weide (*Salix × dasyclados*)

Hanf-Weide (*Salix viminalis*)

Die Hanf-Weide gedeiht gut auf nährstoffreichen Böden, an Fluss- und Teichufern. Sie verträgt jedoch keine Staunässe. Ihr Wuchs ist schlank und kräftig. Die Rindenfarbe ist graugrün bis dunkelgrün, zur Spitze hin bräunlich und zeigt einen grauen Flaum. Die schmalen dunkelgrünen Blätter stehen an der Rute sehr dicht und sind auf der Unterseite silbrig behaart. Die Blätter gleichen etwas den Blattfiedern des Hanfes, daher auch der deutsche Name. Die Hanf-Weide wird oft stark von Blattläusen befallen. Typisch für die Hanf-Weide sind ihre sehr frühen Kätzchen, die sich schon im Januar zeigen. Es gibt von der Hanf-Weide etliche Formen, die alle – insbesondere als **ungeschälte Weide** – gut zum Flechten geeignet sind.

EIN KLEINER AUSFLUG IN DIE MEDIZIN

Schon zu früheren Zeiten wussten die Heilkundigen um die **fiebersenkende und schmerzlindernde Wirkung** der Weidenrinde. Der Name „Europäische Fieberrinde“ leitet sich daher ab.

Aus der getrockneten und zerkleinerten Rinde der Purpur-Weide können Sie mit kaltem Wasser einen Tee ansetzen – ein bis zwei Teelöffel genügen schon für eine Tasse. Die für die Teezubereitung verwendete Rinde sollte natürlich chemisch unbehandelt sein. Bringen Sie zunächst das Wasser mit der Weidenrinde zum Sieden. Dann lassen Sie den Tee fünf Minuten ziehen und seihen Sie anschließend die Rinde ab. Nun können Sie den heilkräftigen Weidentee in kleinen Schlucken trinken.

Der fiebersenkende Wirkstoff in der Weidenrinde heißt **Salicin**. Ein daraus abgeleiteter, synthetisch hergestellter Wirkstoff, die Acetylsalicylsäure, findet sich heute in vielen Kopfschmerztabletten!

Achtung! Wenn eine Allergie gegen Acetylsalicylsäure oder Salicylate besteht, dürfen Tees mit Weidenrinde nicht eingenommen werden!

Die Königshanf-Weide (*Salix viminalis regalis*) lässt sich sehr gut schälen, die Gelbe Hanf-Weide (*Salix viminalis lutea*) hat weniger Mark und ist aufgrund ihrer Farbe sehr beliebt um bunte Körbe zu gestalten.

Mandel-Weide (*Salix triandra*)

Die Mandel-Weide steht entlang von Flüssen oder an Teichen. Sie verträgt Nässe und gedeiht auch auf sandigen Böden. Ihr Wuchs ist schlank. Das Laub ist dunkelgrün bis graublau und hat einen gesägten Rand. Ein besonderes Kennzeichen sind die nierenförmigen Nebenblätter an der Basis des Blattstiels. Als einzige Weidenart besitzen die männlichen Blüten der Mandel-Weide drei Staubblätter, daher der lateinische Artname „triandra". Die Mandel-Weide neigt zur Verästelung und der Ertrag einer Anlage lässt bald nach, deshalb wurde sie im Anbau von anderen Weiden verdrängt. Sie lässt sich besonders gut schälen.

Purpur-Weide (*Salix purpurea*)

Der Name der Purpur-Weide leitet sich von ihrer meist rötlichen Rindenfarbe sowie vom auffälligen Rot der geschlossenen Staubbeutel ihrer männlichen Blüten ab. Sie ist eine genügsame Weidenart und gedeiht auf kalkhaltigen, tonigen Kies- und Sandböden. Ihr Wuchs ist sehr fein und schlank, die Ruten sind biegsam und zäh. Die Blätter sind bläulichgrün und haben, wie auch die Ruten, einen leichten Wachsüberzug. Der obere Blattrand ist gesägt und der Blattstiel kurz. Da sich die Ruten der Purpur-Weide kaum schälen lassen und sich zudem nach dem Schälen schmutzig gelb färben, wird diese Weidenart mit ihrer schönen Rindenfarbe am besten für die Grünarbeit verwendet.

Amerikaner-Weide (*Salix × americana*)

Die Amerikaner-Weide gedeiht auf nährstoffreichen, durchlässigen Böden und verträgt keine übermäßige Nässe. Die Blätter sind sattgrün und die Rindenfarbe ist am Stammende olivgrün, nach oben hin dunkel-rotbraun. Ein typisches Erkennungszeichen der Amerikaner-Weide sind die rauen Stellen, die ihre Ruten ein bis zwei Handbreit über dem Boden aufweisen.

WEIDENKULTUR AUS DEM KÖRBCHEN

Es wird erzählt, dass die Amerikaner-Weide Ende des 19. Jahrhunderts von Nordamerika nach Europa gebracht wurde – und zwar in Form eines aus frischen Weiden geflochtenen Körbchens! Ein deutscher Korbmacher trennte das Geflecht auf und steckte die Weidenstücke in die Erde: So entstand die erste Kultur dieser Art.

Die Ruten sind sehr zäh, dünn und biegsam. Die Spitzen der Ruten sind im Wachstum deutlich halbkreisförmig gebogen. Die Amerikaner-Weide eignet sich sowohl zum Schälen als auch zur Grünarbeit. Sie ist **universell einsetzbar** und eine ausgezeichnete **Flechtweide**.

Filzast-Weide (*Salix × dasyclados*)

Die Filzast-Weide, auch Stock- oder Bandstock-Weide genannt, hat einen sehr kräftigen Wuchs und kann, je nach Standort, bis zu 4 m hoch werden. Die Ruten sind grün, glatt und glänzend. Zweige und Knospen sind dicht samtig

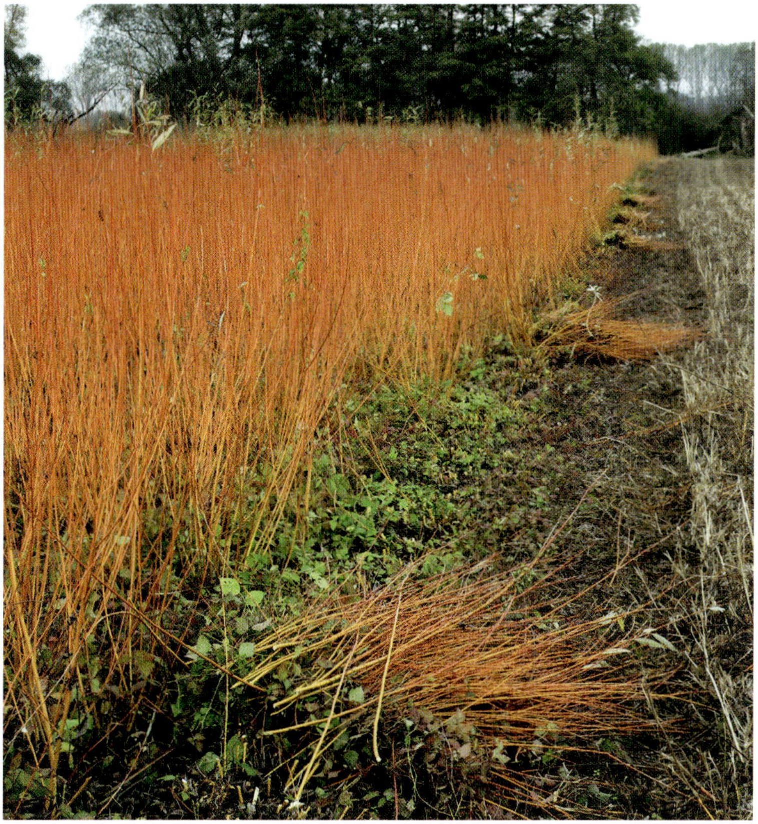

Weidenkultur mit wunderschöner Färbung.

behaart. Die Blätter sind sehr groß – teilweise über 20 cm lang – und haben einen undeutlich gezähnten Rand.

Auffällig sind auch die **großen Blütenkätzchen**, welche aufrecht stehen und sich schon vor der Entfaltung der Blätter zeigen. Die Filzast-Weide wird heute zum Bau von **Weidenmöbeln** oder für Zäune und Geflechte im Garten verwendet. Früher wurde sie auch zur Herstellung von Fassreifen genutzt.

Wuchsformen

Die natürlichen Wuchsformen der Weiden sind sehr unterschiedlich: von hohen **Bäumen** über **Sträucher** bis hin zu am Boden kriechenden Weiden, die im Gebirge vorkommen. Außer den natürlichen Wuchsformen gibt es vom Menschen gezogene **Nutzungswuchsformen** – allen voran die auf großen Feldern angebauten Weiden.

Dort stehen Weidensträucher mit wenig verzweigten Ruten in dichten Reihen. Im Sommer erscheint eine solche Anlage als dichtes Blättermeer. Wenn im Winter die Blätter gefallen sind, zeigen sich bei einer artenreich angelegten Anlage die verschiedenfarbigen Weidenruten.

Kopfweiden

Wenn man von „Weiden“ spricht, denken viele Menschen sofort an die bekannten und einprägsamen Kopfweiden, die vielerorts in der freien Landschaft stehen. Landläufig geht man davon aus, dass die Ruten dieser Weiden zum Flechten verwendet werden und einfach abgeschnitten werden können.

Früher wurden die Ruten der Kopfweiden tatsächlich – vor allem von wandernden Korbflechtern – zur Herstellung einfacher Körbe verwendet. Heute jedoch dienen diese Zweige eher zum Flechten von Objekten im Außen- und Gartenbereich oder zum Erstellen von Kinderhäusern und lebenden Zäunen.

PRAXISTIPP
Achtung! Auf keinen Fall dürfen Sie Kopfweiden eigenmächtig stutzen, ohne sich nach den Besitzverhältnissen erkundigt zu haben. Stehen die Weiden auf öffentlicher Gemarkung fragen Sie einfach bei den entsprechenden Behörden an!

Kopfweiden entstehen, indem man den Stamm des Weidenbaumes in einer bestimmten Höhe absägt und die Neuaustriebe an dieser Stelle immer wieder abschneidet. Nach mehreren Jahren entsteht an dieser Stelle eine immer größer werdende Verdickung: der „Kopf". Um gezielt Kopfweiden anzulegen, werden etwa 3 m lange **Setzstangen** von gesunden Weidenbäumen geschnitten und in ein 1 m tiefes Pflanzloch gesetzt. Kopfweiden brauchen eine gute Wasserversorgung. Deshalb wachsen sie meist an Bächen oder Wassergräben. Früher dienten Kopfweiden auch als **Grenzmarkierungen**, da sie weithin sichtbar sind und sich nicht so leicht wie Grenzsteine versetzen lassen.

Hegen und pflegen

Die wichtigste Vorbedingung für das Gedeihen einer Weidenanlage ist eine sorgfältige **Bodenbearbeitung**. Der Boden muss im Herbst umgepflügt werden, damit er im Winter gut durchfriert und im Frühjahr locker ist. Von sandigen Lehmböden über Sand- und Steinböden bis hin zu nährstoffreichen, feuchten Humusböden eignen sich viele Böden zum Anlegen einer Weidenkultur. Bei der Auswahl der zu pflanzenden Sorten muss die Bodenart berücksichtigt werden – hierbei ist es notwendig, die passende Weidensorte für den vorhandenen Boden zu wählen. Weiden aller Arten und Sorten brauchen zwar unbedingt eine gute **Wasserversorgung**, dennoch vertragen sie keine Staunässe, da sonst ihre Wurzeln ersticken.

Weiden lassen sich leicht über **Stecklinge** vermehren. Dies ist die einfachste Methode zur Gewinnung neuer Weidenpflanzen. Die 25–40 cm langen, fingerdicken Stecklinge werden vom einjährigen Holz geschnitten. Der beste Zeitpunkt für das **Stecken** ist im März bei guter Witterung. Die Stecklinge werden mit den Triebaugen nach oben entlang einer straff gespannten Schnur im Abstand von 10–20 cm erdbodengleich in die Erde gesteckt. Der Reihenabstand beträgt 50–70 cm. Eine enge Pflanzung der späteren Strauchweiden erzielt lange, nicht verästelte Ruten, die schlank und biegsam sind.

Die **Pflege** der Anlage erstreckt sich auf das Entfernen von Unkräutern und Schädlingen sowie die **Lockerung** und **Düngung** des Bodens.

Unkräuter, die den Weiden Licht, Nährstoffe und Wasser entziehen, schädigen eine Anlage erheblich. Gefährlich sind Unkräuter, die die Weiden umschlingen und zu Boden drücken. Die Weiden werden im Wachstum schwer behindert und sterben ab.

Die häufigsten Unkräuter sind Gewöhnliches Kletten-Labkraut, Quecke, Warzige Seide, Gewöhnliche Goldrute und Acker-Winde. Letztere schädigt die Ruten durch spiralige Einschnürungen. Brombeerranken können das Begehen der Anlage und die Ernte sehr mühsam machen. Alle Unkräuter werden durch Jäten, Ausgraben oder Hacken im Zaum gehalten. Um das Aussamen der Unkräuter zu verhindern, werden die Blütenstände abgesammelt.

Zu den **tierischen Schädlingen** gehören die Wiesenschnakenlarve, die austreibende Knospen abfrisst sowie der Triebwickler, der sich mit Vorliebe auf Hanf-Weiden ansiedelt und seine Eier im Spitzentrieb ablegt. Die sich daraus entwickelnden Raupen spinnen sich in die obersten Blätter ein und fressen den Trieb ab. Die Pflanze bildet daraufhin neue Seitentriebe und verästelt dadurch stark. Diese stark verästelten Ruten sind für den Flechter zur Herstellung von feinen Korbwaren unbrauchbar. Auch der Erlenrüssler ist ein häufiger Schädling. Er kann die Weide gleich auf mehrere Arten schädigen. Die Blattschäden des Käfers sind meist nicht so relevant wie die Schädigung an den Ruten. Er durchsticht mit seinem kräftigen Rüssel die Rinde der Ruten und frisst das Bastgewebe auf. Dadurch entstehen Vertiefungen, in denen sich Pilze festsetzen. So bilden sich schwarze Stellen, die beim Flechten brechen. Die Wiesenschaumzikade besitzt einen langen borstenbesetzten Rüssel, den sie unter der Rinde um die Rute herum schiebt und den aufsteigenden Pflanzensaft aufsaugt. Dadurch wird die neue Holzschicht, das Aufholz, verletzt und es entstehen Narben – sogenannte **Ringel** – in der Weide. Die Weiden brechen beim Flechten an diesen Ringeln, wodurch die Qualität der Weide stark gemindert wird. Besonders Amerikaner-Weiden sind anfällig für einen Befall der Wiesenschaumzikade. Der Engerling des Maikäfers verursacht Wurzelschäden, kommt aber heutzutage nicht mehr so oft vor. Häufig werden Weiden von Blattläusen und Blattkäfern verschiedener Arten befallen; der Befall hemmt das Wachstum der Weiden.

Die **Schädlingsbekämpfung** geschieht zum Teil in mühsamer **Handarbeit** durch Absammeln der Käfer und Zerdrücken der Raupen oder durch den Einsatz von **Schädlingsbekämpfungsmitteln**.

Weidenernte

Die Weidenruten werden jährlich in der **Saftruhe** bei abfallendem Laub, also im Winter zwischen November und März, **von Hand** oder, bei Anlagen, die älter als zwei Jahre sind, mit der **Maschine** geerntet. Bei einer neuen Anlage werden die ersten einjährigen Triebe mit der Schere geschnitten. Auch im zweiten Wuchsjahr ist eine Ernte mit der Schere noch angebracht, da ein ziehender Messerschnitt die jungen Weidenpflanzen lockern würde.

Ein guter und **sachgemäßer Schnitt** fördert die Qualität der Ruten. Bei der Ernte müssen alle Ruten geschnitten werden, auch die kleinen, schwachen oder kranken. Dadurch wird der Wurzelstock der jungen Pflanze gestärkt und im nächsten Jahr treiben lange und schlanke Ruten aus. Beim Schneiden mit der **Hippe**, einem gebogenen Weidenmesser, werden mehrere Weiden mit der Hand umfasst und dann mit einem

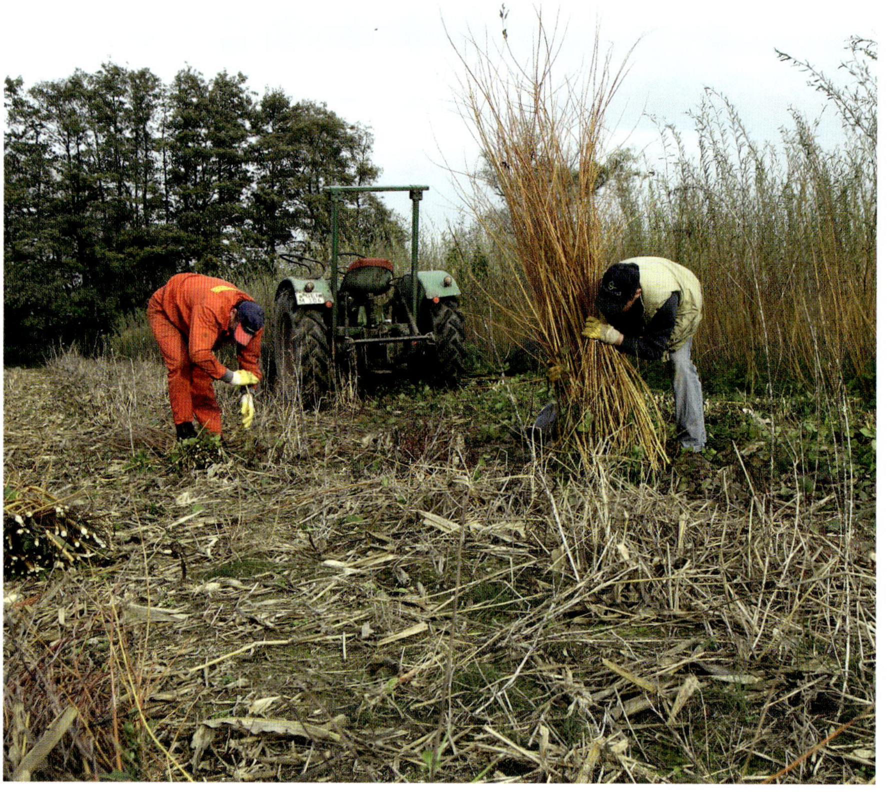

Anpacken bei der Weidenernte.

kräftigen, kurzen Schnitt abgeschnitten. In vielen Regionen wird zur Ernte auf kleineren Anlagen die Rebschere benutzt.

Die abgeschnittenen Weiden werden als lose **Bunde** auf den Boden gelegt, von Gras und Unkraut befreit und später zu großen Weidenbunden von etwa 15 kg zusammengeschnürt.

Auch bei der **Maschinenernte** mit Traktor und Mähbalken ist noch viel Handarbeit dabei.

Zum **Binden** der Weidenbunde werden ebenfalls Weiden verwendet, die aufgedreht eine hervorragende und haltbare „Schnur" ergeben. Je nach Länge der Weiden werden zwei oder drei Schnürungen angebracht.

Längensortierung

Nach der Ernte erfolgt das Sortieren der Weiden nach Längen. Dieses Sortieren nennt man auch Verziehen. Zum **Verziehen** der Weiden eignet sich ein **zylindrisches Gefäß** – beispielsweise ein Fass oder eine Röhre. Zur besseren Handhabung der langen Weiden wird dieses Gefäß etwa einen halben Meter tief in den Boden eingelassen. Am Gefäß wird eine 2,40 m lange Messlatte angebracht, die alle 20 cm eine Einteilung aufweist.

Nun wird ein Weidenbündel in das Fass gestellt, mit beiden Händen aufgestoßen und jeweils die längsten Weidenspitzen werden mit einer Hand unter **Schütteln** aus dem Gefäß herausgezogen. So erhält man Weidenbunde in einer Längenstaffelung von 20 cm. Die Bunde können dann zum Trocknen und Aufbewahren an einen geschützten Ort gebracht werden.

PRAXISTIPP
Beim Materialhändler (siehe Bezugsquellen Seite 124) erhalten Sie ungeschälte oder geschälte Weiden in Bunden ab 80/100/120 cm bis 200 cm in jeweils 20 cm Staffelungen. Die Originalbunde wiegen je nach Länge 5 kg, 7 kg, oder 10 kg.

Das Sortieren nach Längen dient der **Übersichtlichkeit** sowie der optimalen Lagerung und dem **schnellen Zugriff** im Materiallager des Korbflechters.

Zusätzlich optimiert es das später beschriebene Einstellen der Weiden in Wasser vor der Naturschäle. Auch bereits **geschälte Weiden** im Werkstattbetrieb müssen vor dem Flechten verzogen werden.

Verwenden Sie für kleinere Mengen einfach einen **Eimer**, oder halten Sie im Sitzen das Weidenbündel locker zwischen den Beinen.

Richtige Lagerung

Die Art der Trocknung und Lagerung richtet sich nach der weiteren Verarbeitung der Weiden.

Weiden, die ungeschält verarbeitet werden sollen, werden entweder **stehend** oder, wenn es der Ertrag einer größeren Anlage ist, **eingestapelt** gelagert. Damit die Bündel vor Fäulnis und Mäusefraß geschützt sind, werden die Stapel auf einer **stabilen Unterlage** errichtet. Dafür eignen sich Holzbohlen sehr gut.

PRAXISTIPP
Weiden, die für die Naturschäle vorgesehen sind, werden möglichst erst im Februar geschnitten, damit sie ohne Lagerung gleich in Wasser eingestellt werden können. Zu früh geschnittene Weiden trocknen von den Stammenden her ein und können somit keine Feuchtigkeit mehr aufnehmen.

Auch in den luftigen Höhen großer Scheunen werden Weidebunde gelagert; zu diesem Zweck dienen große Lattengestelle, auf welche die Bündel gelegt werden. Dort ist die **Durchlüftung** natürlich optimal.

Schälreife

Um die **Naturweiden** von ihrer Rinde befreien zu können und damit **geschälte Weiden** zu erhalten, gibt es verschiedene Methoden. Den Zustand, in dem Weiden leicht schälbar sind, bezeichnet der Korbmacher als **Schälreife**.

EMPFEHLUNG
Sie können Ihre Weiden selbst schälen oder, für den Anfang sicher bequemer, die geschälten Weiden beim Korbflechter oder Materialhändler kaufen.

Um Weidenruten schälreif zu machen, wurden verschiedene Verfahren entwickelt. Auch ein Flechtanfänger kann sich mit dem Schälen der Weiden versuchen. Das Einstellen der Weiden in Wasser und das Schälen per Hand oder mittels einer Schälklemme eignen sich besonders gut. Experimentierfreudige Hobbyflechter können hier mit einfachen Mitteln ein gutes Ergebnis erzielen.

Naturschäle

Die nach Länge verzogenen Weidenbündel müssen in Wasser gestellt werden, dies wird als **Einstellen** der Weiden bezeichnet. Das Einstellen bewirkt, dass sich an den Stammenden der Weiden kleine Wurzeln bilden und die Spitzen oben austreiben. Dieser Zustand zeigt die Schälreife an.

> **EMPFEHLUNG**
> Dieses Schälverfahren eignet sich gut für Hobbyflechter!

Die Weiden können in einen sauberen **Bach oder kleinen Fluss** mit Kies- oder Sandbett eingestellt werden. Schlamm oder Schlick färben die Stammenden der Ruten schwarz. Alternativ können die Bunde auch in großen **Bottichen oder Bassins** mit einer Wasserhöhe von 10–20 cm eingestellt werden. Der Wasserstand muss immer kontrolliert werden. Die Bündel werden so in die Bassins gestellt, dass die größeren die kleineren nicht verdecken und alle gleichmäßig im Sonnenlicht stehen.

Treibhausverfahren

Ohne Frage ist das Treibhausverfahren die komfortabelste und idealste Form, um Weiden zur Schälreife zu bringen. Aber natürlich ist es auch eine sehr kostspielige Möglichkeit, da die Einrichtung und Unterhaltung eines Treibhauses **sehr teuer** ist. In den Treibhäusern befinden sich massive Bassins, durch die Heizungsrohre verlaufen, die das Wasser erwärmen. Durch diese **gleichmäßige Wärmezufuhr** und der insgesamt wachstumsfördernden Temperatur in den Treibhäusern beschleunigt sich die Wurzelbildung der eingestellten Weiden.

Auch häufiges Bespritzen der Weidenbündel mit handwarmem Wasser beschleunigt das Erreichen der Schälreife. Es vergehen 3–6 Wochen, bis sich an den Stammenden Wurzeln bilden und die Weidenspitzen austreiben. Die Treibperiode verkürzt sich, je weiter es dem Frühjahr entgegengeht.

Grubenschäle

Eine früher gebräuchliche, heute kaum genutzte und in Baden-Württemberg kaum bekannte Möglichkeit, Weiden zur Schälreife zu bringen, ist die sogenannte Grubenschäle. Die Weiden werden bei dieser Methode, ähnlich wie Kartoffeln, in flache **Erdgruben** eingemietet. Etwa Mitte bis Ende März werden die sortierten Weidenbündel in 80 – 100 cm tiefe Gruben gelegt.

Als Unterlage dienen Stroh oder Weidenabfälle. Schon beim Einlegen in die Gruben werden die Weiden reichlich mit Wasser übergossen und auch im weiteren Verlauf ausreichend feucht gehalten. Die Weidenmieten können eine Höhe von bis zu 3 m erreichen, sodass sie über die Grube herausragen. Daher müssen sie mit Stroh oder Weidenabfall bedeckt werden, damit die Stammenden auf keinen Fall austrocknen. Die Mieten werden an einem möglichst windgeschützten Platz gebaut, denn die kalten Frühjahrswinde wirken sich negativ auf das Antreiben der Weiden aus.

Die Mieten müssen täglich bewässert und überwacht werden, damit ein Entzünden im Innern des Stapels vermieden wird. Die eventuelle Schädigung

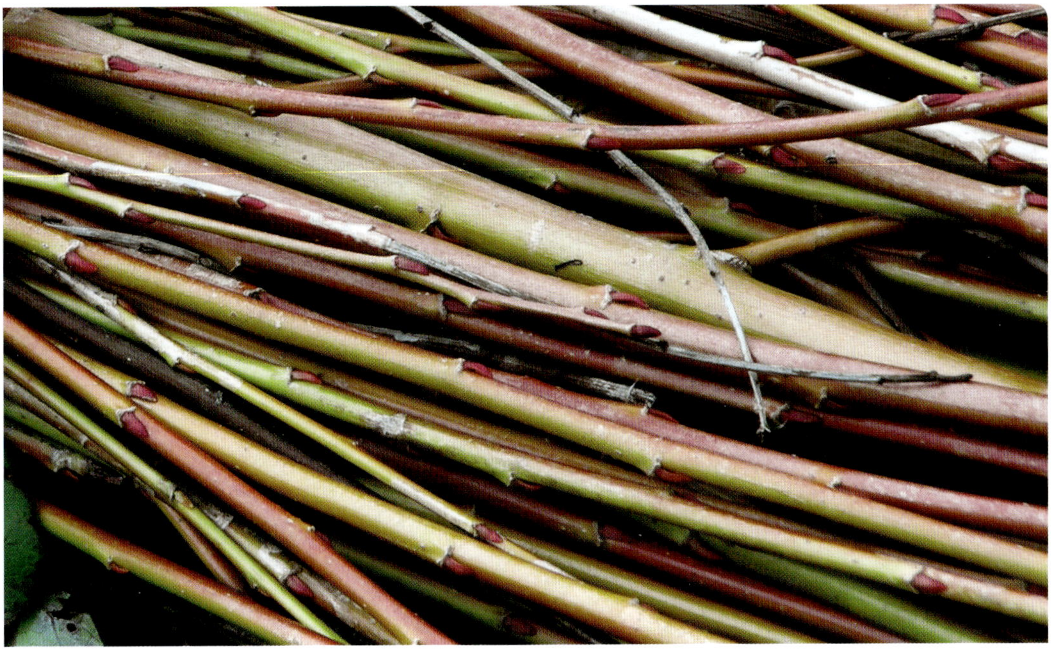

Weiden warten auf die Schäle.

der Ruten durch die **Temperaturentwicklung** ist eine Hauptgefahr bei der Grubenschäle, trotzdem wurde diese Art der Schälreifmachung in der Vergangenheit mit gutem Erfolg angewendet.

Nach 3–4 Wochen wachsen die ersten kleinen Wurzeln und zeigen damit die Schälreife an. Das Schälen muss dann so bald wie möglich erfolgen.

Kochschäle

Ein weiteres Verfahren, um die Rinde der Weiden zu lösen, ist die Kochschäle. Hierbei erhält man jedoch keine weißen Weiden sondern **rote Weiden**. Diese rötlichen Weiden werden auch als gekochte, gesottene oder braune Weiden bezeichnet.

Bei der Naturschäle, der Treibhausschäle und auch der Grubenschäle beruht das Auslösen der Schälreife auf der natürlichen Triebkraft der Weiden. Das Siede- beziehungsweise Kochverfahren stellt einen **künstlichen Prozess** des Antreibens dar. Der Vorteil dieser Methode ist, dass unabhängig von der Jahreszeit geschält werden kann. Frische grüne Weiden, aber auch schon jahrelang eingelagerte Bestände, können mit Hilfe dieses Verfahrens veredelt werden. Für die Kochschäle werden mindestens 2 m lange **Kessel** oder **Wannen** verwendet, die von unten befeuert werden. Die Kessel haben einen Deckel mit Ventil und Thermometer. Das Frischwasser wird zum Kochen gebracht, dann werden die nur locker verschnürten Weidenbündel hineingelegt und bei Temperaturen zwischen 90–100 °C etwa 0,5–3 Stunden gekocht.

Die **Kochzeit** ist je nach Art und Frische der Weiden unterschiedlich. Da das

Wasser während des Kochens verdampft, muss immer wieder vorgewärmtes Wasser nachgefüllt werden. Um festzustellen, wann die Rinde sich gut vom Holz lösen lässt, wird hin und wieder eine Handvoll Weiden entnommen und ihre Schälbarkeit getestet. Ist der optimale Zustand eingetreten, kann sofort mit der Weidenschäle begonnen werden. Verzögert sich der Beginn des Schälens, müssen die Weiden unbedingt feucht gehalten werden.

Der **rötliche Farbton** der Ruten entsteht bei der Kochschäle durch den in der Rinde enthaltenen Gerbstoff **Tannin**. Diese Tönung ist abhängig von der Weidenart und vom Trocknungsverfahren nach der Schäle. Die geschälten Weiden werden bei Tageslicht und Sonnenschein luftig getrocknet und oft gewendet, damit sie eine schöne, gleichmäßige rotbraune Färbung bekommen.

Schälen

Außer der Kochschäle wird bei den in diesem Buch beschriebenen Arten des Schälreifmachens der **natürliche Wachstumsvorgang** genutzt, um die Weiden entrinden zu können. Die schälreifen Weiden **stehen im Saft**, das heißt, die sich zwischen dem Holz der Weide und der Rinde befindlichen **Bastfasern** sind zu diesem Zeitpunkt besonders wasserleitend, was das Entrinden der Rute sehr vereinfacht.

Bleiben die Ruten in diesem ausgetriebenen Zustand zu lange stehen, festigt sich der Bast wieder. Dies bezeichnet man als **aufholzig** werden, die Schäle wird erschwert oder ganz unmöglich. Nach Erreichen der Schälreife ist ein sofortiger Beginn der Weidenschäle und zügiges Arbeiten notwendig.

TROCKNEN NACH DER SCHÄLE

Nach der Schäle werden die Weiden locker zum Trocknen aufgestellt oder auf Roste gelegt. Die Sonne trocknet, bleicht und gibt den Weiden einen schönen Glanz.
Je nach Temperatur dauert das Trocknen zwischen wenigen Stunden und 1–2 Tagen. Die getrockneten Weiden werden wieder zu ordentlichen Bunden verschnürt und trocken und luftig eingelagert.

Handschäle

Das Schälen der Weiden ist ein rein **mechanischer Vorgang**. Zum Schälen der Weidenruten werden verschiedene Werkzeuge verwendet. Die sogenannte **Stockklemme** oder auch **Schälklammer** ist ein zweischenkliges Eisen, das am Ende in einer Federung ausläuft. Mit leichtem Druck werden die Ruten damit eingeklemmt und durch Ziehen die Rinde entfernt.

Gearbeitet wird jeweils zur Spitze und, durch Drehen der Weide, auch zum Stammende hin. Dadurch platzt die Rinde auf und lässt sich einfach abziehen. Besonders an den dünnen Weidenspitzen muss man vorsichtig arbeiten, damit die Ruten nicht gequetscht werden und sich aufspleißen.

EMPFEHLUNG

Dieses Schälverfahren ist gut für Hobbyflechter geeignet!

Beim **Schälbock** ist eine große und stabile Schälklammer auf einen Holzbock montiert. Die Weidenruten werden durch die fest montierte Schälklammer gezogen.

Eine Weiterentwicklung bei der Handschäle sind Klemmen mit besonderen **Stellschrauben**, die sich auf die jeweilige Weidenstärke einstellen lassen. Mit diesen Klemmen können starke, aber auch feine Ruten geschält werden.

Maschinenschäle

Zu Zeiten der großen Weidenernten, bei denen hunderte Tonnen Material geschält werden mussten, wurden elektrisch betriebene **Weidenschälmaschinen** entwickelt, deren Einsatz sich natürlich nur bei wirklich großen Mengen lohnt.

Zwei Maschinenvarianten sollen hier kurz erläutert werden:

Zum einen gibt es die sogenannte **Trommelschälmaschine**, bei der eine Handvoll Weiden in rotierende Spiralen gehalten wird, die die Weidenrinde abschlagen. Sehr dünne Weiden werden bei diesem Verfahren allerdings sehr leicht beschädigt. Zur Anwendung kam auch eine Maschine, bei der die Weiden einzeln über verschiedene Rollen geführt werden und die Rinde ebenso wie bei der Handklemme abgequetscht wird.

Durchgesetzt haben sich die Trommelschälmaschinen, sie befinden sich heute noch im Einsatz.

EMPFEHLUNG
Wenn Sie mit viel Glück von der Auflösung einer alten Korbflechterwerkstatt erfahren, können Sie eine Trommelschälmaschine übernehmen und nutzen!

Arbeitsplatz

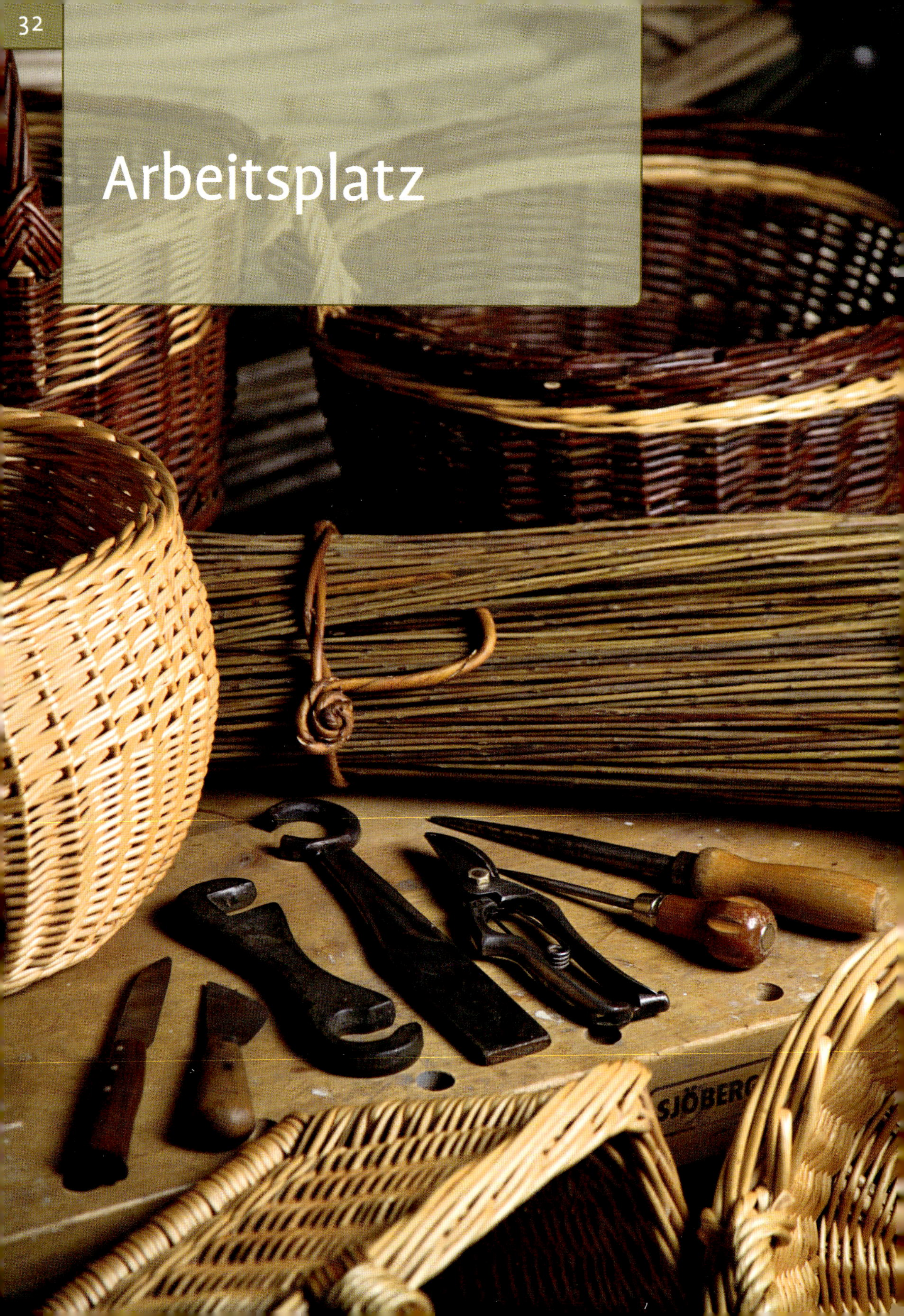

Werkstatt

Ob professionelle Werkstatt oder Hobbyraum: praktisch eingerichtet muss es sein und das Werkzeug muss gut gepflegt parat liegen. Dann kann effektiv gearbeitet werden und das Flechten wird zur Freude.

Der Arbeitsplatz eines Korbflechters sollte geräumig, hell, beheizbar, wenn möglich ebenerdig und auf jeden Fall mit einem **Wasseranschluss** ausgestattet sein.

In der Werkstatt gibt es mehrere Bereiche, die sehr praktikabel eingerichtet sind. Der Bereich zum Flechten benötigt einen unempfindlichen und rutschsicheren **Bodenbelag**. Notwendig sind auch eine **Tageslichtquelle**, wie beispielsweise ein großes Fenster oder eine Glastüre, und eine gute **elektrische Beleuchtung**, die weder blenden noch Schatten werfen sollte.

Die **Werkbank** sollte etwas entfernt vom Flechtbereich platziert werden, damit man während des Flechtens nicht mit den langen Ruten an Werkzeugen, Geräten oder Sonstigem hängen bleibt.

Ein **Nebenraum** zur Aufbewahrung von Gerätschaften, Werkzeug oder der Sägemaschine ist sicherlich sinnvoll.

Die Größe der Werkstatt und der Nebenräume richtet sich natürlich auch nach Größe des Unternehmens oder, bei privater Nutzung, nach der Häufigkeit des Flechtens.

Hocker und andere Helfer

Zur unverzichtbaren Einrichtung des Arbeitsplatzes eines Weidenflechters gehört eine optimale Sitzgelegenheit.

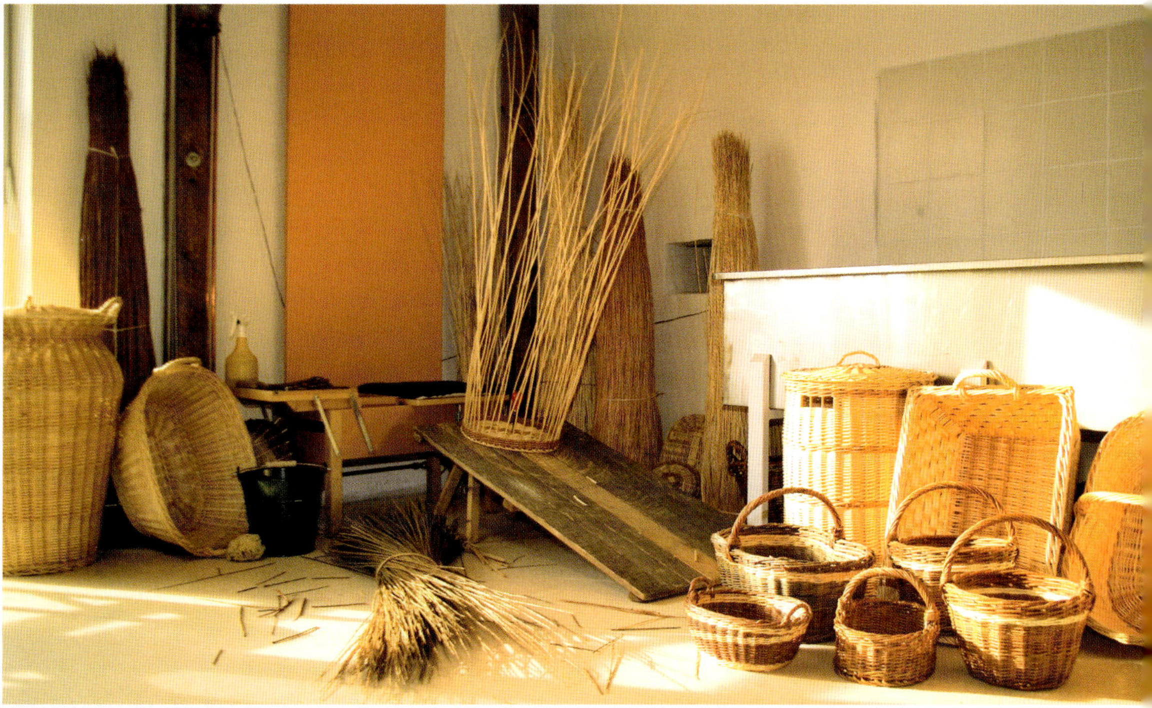

Die Werkstatt des Korbflechters.

EMPFEHLUNG
Sitzbänke mit integrierter Werkzeugablage eignen sich auch ideal für Hobbyflechter!

Es gibt sehr viele Varianten, die sich je nach Region unterscheiden. In Baden-Württemberg wird ein **Hocker** mit einem nebenstehenden Werkzeugkästchen oder auch eine **Sitzbank** mit einer oder mehreren Schubladen und einer Halterung für die wichtigsten Werkzeuge verwendet.

GUTE IDEEN NIMMT MAN GERNE MIT!
Sitzbänke mit integrierter Werkzeugablage wurden in Baden-Württemberg von Lehrlingen eingeführt, die zum Theorieunterricht in die Fachschule für Korbflechterei ins oberfränkische Lichtenfels gereist waren und die dort gebräuchlichen Sitzbänke bei ihrer Rückkehr in die heimischen Betriebe brachten.

Das hölzerne **Arbeitsbrett** benötigt man zum Aufsetzen des Werkstücks. Der angefangene Korb wird mit einem **Pfriemen** auf dem Brett befestigt und während des Flechtens um diese Achse gedreht. Das Arbeitsbrett hat, je nach Bedürfnis des Korbflechters, eine Länge von etwa 1,30 m und eine Breite von etwa 0,70 m. Das Brett liegt während der Arbeit auf den Oberschenkeln des Flechters oder auf einem kleinen **Holzbock** und kann so in einem gewissen Maß der benötigten Höhe angepasst werden. Unter dem Brett steht ein Holzbock, auf dem das Brett abgelegt wird, sobald der Flechter aufsteht.

Zum **Einweichen** der Weidenruten empfiehlt sich ein **Einweichbecken** mit Zu- und Ablauf. In alten Werkstätten findet man oft noch gemauerte Tröge, heutzutage kann man sich **Tröge** aus Edelstahl oder verzinkten Eisenblech anfertigen lassen. Ebenso finden die in Industrie und Gewerbe üblichen Behälter aus Glasfaser oder Kunststoff Verwendung. Ausgediente **Badewannen** werden von Hobbyflechtern gern genutzt. Für den Berufsflechter eignen sich Badewannen nicht, da sie zu kurz und ihr Innenboden meist schief ist; außerdem fehlt eine Möglichkeit um die Weiden herunterzudrücken. Da das Flechtgut im Wasser nach oben treibt, müssen die Weidenbunde unter Wasser gehalten werden.

Es gibt viele kreative Ideen, die Weiden unter Wasser zu blockieren: große **Konservendosen mit Zement** ausgegossen und mit einem Griff versehen, schwere **Steine** oder einfach nur schräg abgesägte, starke **Holzlatten**, die im Trog verkeilt werden. Bei eigens angefertigten Einweichwannen lässt man sich am besten zwei **Innenkanten** anschweißen, unter denen, mit Hilfe gerader Holzstäbe, die Weiden unter Wasser gehalten werden.

Werkzeuge

Ein besonderer Vorteil für den Einsteiger ist, dass er zum Korbflechten nur wenige Werkzeuge benötigt, die zudem keine größeren Ausgaben erfordern. Alles Werkzeug sollte gut in der Hand liegen und auch nach längerem Arbeiten keine Ermüdungserscheinungen oder Schmerzen verursachen. Das Werkzeug erhalten Sie im Fachhandel oder bei den in den Bezugsquellen (siehe Seite 125) angegebenen Adressen.

Grundausrüstung

Jeder Korbflechter – ob Hobbyflechter oder Berufsprofi – braucht eine Grundausrüstung an unentbehrlichen Werkzeugen.

Messer: Vom Korbmachermesser gibt es unterschiedliche Ausführungen. Die Schneide kann sich sowohl auf der geraden als auch auf der gebogenen Seite befinden.

Ausstecher: Der Ausstecher ist ein besonderes Messer, dessen Spitze an der Schneidseite gerundet und am Messerrücken gerade ist. Die Schneide ist nur wenige Zentimeter lang. Mit dem Ausstecher werden nach der Fertigstellung des Korbes die überstehenden Weidenenden abgeschnitten.

Schlageisen: Das Schlag- oder Klopfeisen aus Eisen dient dem festen Zusammenschlagen des Geflechtes während der Herstellung des Korbes. Daher kommt auch der Name „geschlagene Arbeit“ für die geflochtene Weidenarbeit. Ein gut geklopftes Geflecht ist ein Qualitätsmerkmal. Das Schlageisen hat auf der einen Seite eine breite und eine schmale Kante zum Klopfen. Auf der anderen Seite hat das Schlageisen meist ein Loch oder ein geöffnetes Loch, das beispielsweise zum Geradebiegen von Weidenstöcken gebraucht wird.

Pfriemen: Der Pfriemen gehört zu den Stechwerkzeugen, die in der Korbflechterwerkstatt in vielen verschiedenen Größen und Stärken vorhanden sind. Man benötigt ihn zum Befestigen des Korbes auf dem Werkbrett und dem Vorstechen von Löchern im Geflecht, wie zum Beispiel für einzusetzende Griffe oder Henkel. Andere Namen sind: Ahle, Vorstecher, Spitzbohrer.

Schere: Die Korbmacherschere ist vergleichbar mit guten Garten- oder Rebscheren. Jeder Flechter hat dabei seine besonderen Vorlieben. Wichtig sind die an die Hand angepasste Größe, und die Möglichkeit, für Wartung und Schleifen die Schere in Einzelteile zerlegen zu können.

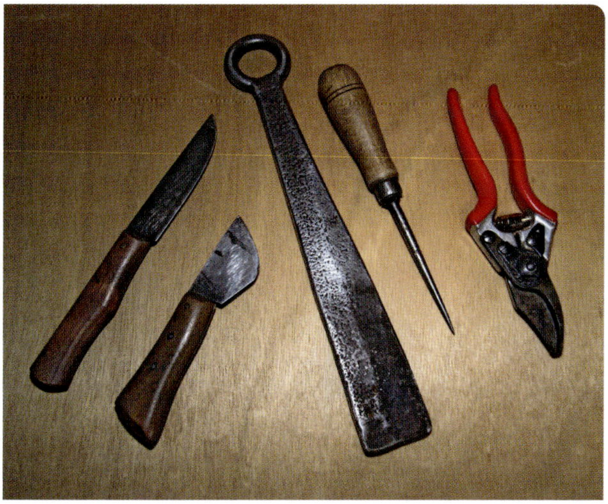

Unentbehrliche Grundwerkzeuge sind Messer, Ausstecher, Schlageisen, Pfriemen und Schere.

PRAXISTIPP
Alle Werkzeuge sollten stets gepflegt und geschärft sein und sich im besten Zustand befinden, da nur gutes und fachgerecht behandeltes Werkzeug seine Funktion erfüllen kann.

Zusatzausstattung

Für bestimmte Arbeitsschritte und Flechttechniken sind als Erweiterung der Grundausrüstung noch einige Werkzeuge sehr nützlich, die sich der Einsteiger je nach Bedarf zulegen kann.

Zangen: Eine Flachzange ist universell einsetzbar zum Abdrücken oder Umlegen von Weiden, zum Festhalten und Eindrücken von kleinen Nägeln oder als Hilfsmittel zum Herausziehen von Weidenresten bei Reparaturen. Eine Kneifzange dient zum Greifen und Ziehen von Nägeln, auch ist sie sehr gut einsetzbar zum Spalten von Weidenstöcken bei der Herstellung von Bodenkreuzen.

Gliedermaßstab: Mit dem Gliedermaßstab, auch Meterstab genannt, wird alles gemessen, vom Bodendurchmesser bis zur fertigen Korbhöhe.

Säge: Alles, was mit der Korbmacherschere nicht mehr geschnitten werden kann, wird gesägt: dicke Weiden, Rundhölzer, Holzleisten und vieles mehr. Eine Feinschnittsäge und eine Drahtbügelsäge sind sinnvolle Werkzeuge in der Werkstatt des Korbflechters. Auch die japanischen Sägen ermöglichen ein einwandfreies Arbeiten.

Hammer: Ein handlicher, nicht zu schwerer Hammer dient zum Einschlagen kleiner und größerer Nägel.

Eimer: Da beim Flechten oft Wasser gebraucht wird, ist ein Wassereimer sehr nützlich.

Schwamm: Mit dem Schwamm werden von Zeit zu Zeit das Geflecht oder die noch herausstehenden Weidenruten während des Flechtens feucht gehalten.

Sprühflasche: Statt zu Eimer und Schwamm wird auch gerne zur Sprühflasche gegriffen.

Schleifstein: Der Schleifstein dient zum Abziehen der Messerklingen.

100 % Handarbeit

Alle Werkzeuge benötigen eines unabdingbar: die Hand des Flechters!

Nirgends auf der Welt gibt es Maschinen für das Herstellen von Korbwaren. Lediglich für die Herstellung von Gewebematten werden einfache, halbmechanische Webstühle verwendet. Soll aus einer Fläche ein Körper, ein geflochtenes Behältnis werden, ist der Mensch mit seinen Händen allen Maschinen überlegen.

DAS WICHTIGSTE WERKZEUG

Die Hand des Flechters ist das wichtigste Werkzeug beim Korbflechten! Das Flechten eines Korbes war schon immer und ist bis zum heutigen Tag reine Handarbeit!

Der Korbflechter ist ein formschaffender Handwerker und benötigt ein stark ausgeprägtes, sicheres Formempfinden. Seine **Gestaltungsidee** für das Werkstück, seine **Handfertigkeit** und sein **Fachwissen** zeichnen einen guten Korbflechter aus. Unter seinen Händen entsteht ein harmonisches und formschönes Produkt. Natürliche Flechtmaterialien aller Art sind in ihrer Länge beschränkt und unterschiedlich in ihrer Stärke. Der natürlich gewachsene und dadurch **variable Werkstoff** ist ein Hauptargument gegen den Einsatz von Maschinen und macht die Handarbeit des Flechters wertvoll.

Das individuelle Arbeiten mit einem Werkstoff aus der Natur fordert und fördert Wahrnehmung, Konzentration, Ausdauer und Sorgfalt. Im heutigen Arbeitsleben ist Handarbeit eine Besonderheit und die Freude am sichtbar gewordenen Ergebnis eine wertvolle Erfahrung.

Es ist ein einzigartiges Gefühl, einen Gegenstand, der durch seine Schönheit und Gebrauchsfähigkeit lange Freude bereiten wird, mit den eigenen Händen erschaffen zu haben.

So entsteht ein Korb

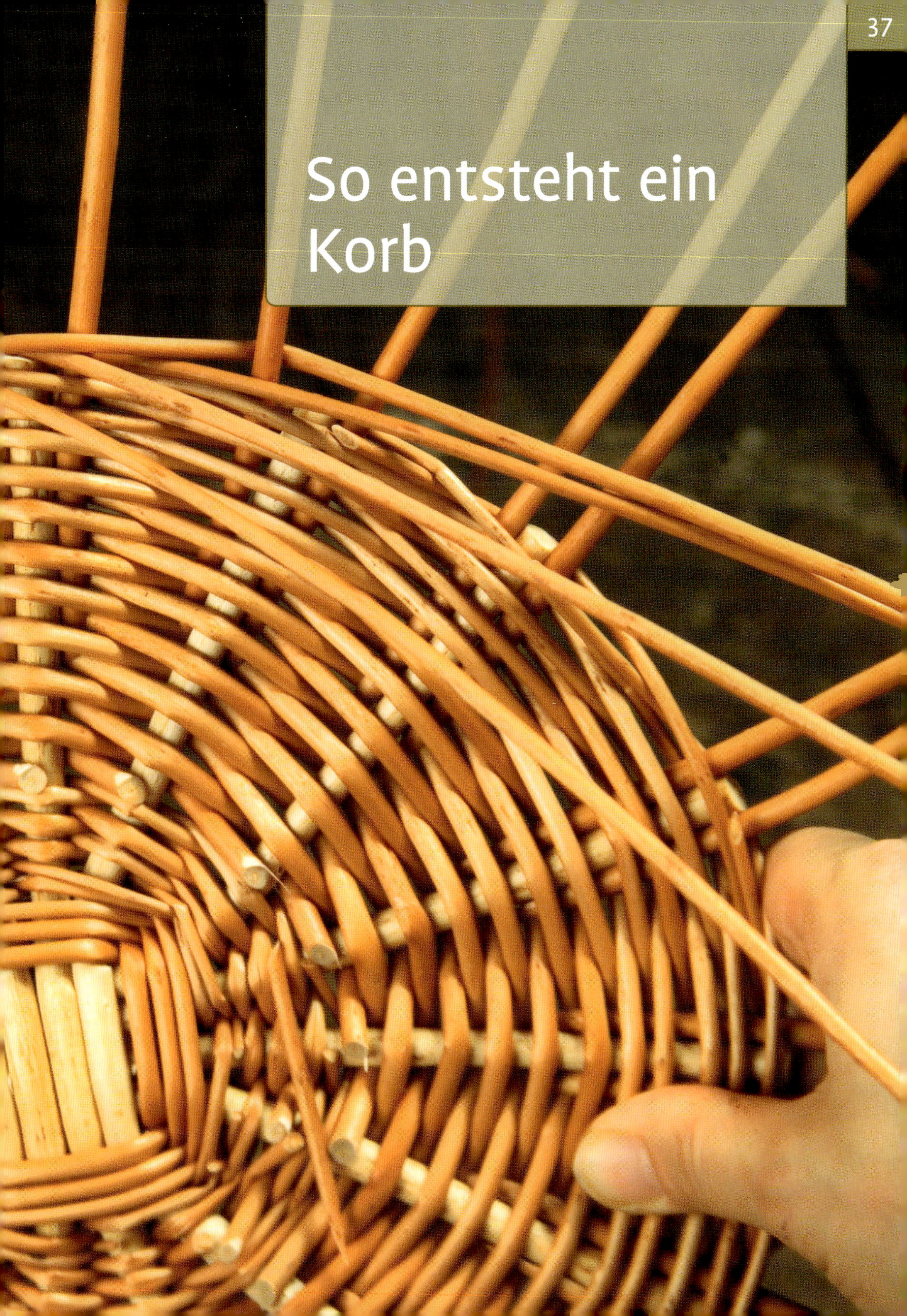

Von der Weidenrute zum Korb gibt es viele Fragen: Woher bekomme ich Weiden, wie mache ich sie biegsam? Wie ist ein Korb denn aufgebaut? „Einkimmen“, „Aufstaken“, „Anschalmen“ – was ist das? Zunächst ist es ratsam, sich einen Überblick über die notwendigen Vorbereitungen und die wichtigsten Schritte beim Flechten eines Korbes zu verschaffen.

Vor dem Flechten

Bevor Sie tatsächlich mit dem Flechten beginnen können, gibt es eine Reihe von Vorarbeiten zu erledigen. Sie erscheinen dem Flecht-Neuling vielleicht etwas mühselig, gehen aber mit ein bisschen Übung leicht von der Hand.

Weiden kaufen

Die Lust zum Experimentieren mit Weiden hat Sie gepackt – aber woher das Material nehmen? Der einfachste Weg ist natürlich, die gewünschten Weiden bei einem **Korbflechter** in der näheren oder weiteren Umgebung zu kaufen. Doch Korbflechter sind rar und somit bietet sich der Bezug der Weiden über einen **Materialhändler** an (siehe Bezugsquellen Seite 124). Dort erhalten Sie alle in diesem Buch genannten Weiden – von ungeschälten bis hin zu geschälten weißen und roten Weiden – sowie Werkzeuge und Hilfsmittel. Die Weiden erhalten Sie dort in Bündeln zu 5 kg, 7 kg und 10 kg, nach Längen sortiert.

Wichtig! Die Weiden sollten glatt und schlank sein und keine Schadstellen, zerzauste Spitzen oder starke Verästelungen aufweisen.

Die Qualität der im Handel angebotenen Weiden ist im Normalfall jedoch sehr gut, sodass Sie sich auf das Angebot verlassen können. Die Firmen erteilen gerne Auskunft.

Gut sortiert!

Um ein gleichmäßiges und sauber gearbeitetes Werkstück flechten zu können, müssen Sie das nötige Material gut und genau auswählen. Das Sortieren der Weiden erscheint Ihnen am Anfang vielleicht als mühseliges Unterfangen. Mit einiger Übung jedoch gehört es zu den alltäglichen und nicht ungeliebten Tätigkeiten eines Korbflechters.

In den nach Längen sortierten **Weidenbündeln** befindet sich eine Vielzahl verschiedener Weidenstärken. Die Stärke der Weidenruten wird immer am Stammende betrachtet. Legen Sie das zu sortierende Weidenbündel zwischen zwei **Holzböckchen** (siehe Seite 34) und befreien Sie es von den Umschnürungen.

Nehmen Sie eine Handvoll Weiden in die linke Hand und sortieren zunächst nur grob in starke und schwache Weiden, indem Sie die starken Weiden von der linken Hand zwischen Daumen und Zeigefinger der rechten Hand gleiten lassen und gleichzeitig die schwachen Ruten zwischen Zeigefinger und Mittelfinger sammeln. Haben Sie die erste Handvoll geschafft, legen Sie die starken Weiden rechts und die schwachen links neben sich ab.

PRAXISTIPP
Der sparsame Flechter wirft beschädigte Weiden jedoch nicht fort, sondern bewahrt sie für gröbere Arbeiten auf. Sollten die Ruten gar nichts mehr taugen, machen sie dem glücklichen Besitzer eines Holzofens noch eine warme Stube!

So verfährt man weiter, bis der gesamte Bund durchsortiert ist. Nun kann die **Feinsortierung** nach gleichem Muster erfolgen. Am Ende dieser Sortierungsaktion verfügen Sie über mehrere Bündel unterschiedlicher Stärken. Diese werden beim Flechten je nach Wunsch beispielsweise als Staken, Kimmweiden oder Schichtweiden verwendet. Während der Sortierung fallen Ihnen auch unbrauchbare Weiden auf. Aufgespleißte, stark verästelte oder abgebrochene Weiden werden gleich aussortiert. Auch Material mit sichtbar schlechten Stellen legen Sie beiseite.

Erfahrene Korbflechter verwenden in aller Regel keine Messinstrumente zum Aussuchen der Weiden, die sie verflechten, und verlassen sich ganz auf ihr **Fingerspitzengefühl**.

Damit der unerfahrene Hobbyflechter jedoch eine ungefähre Vorstellung von den benötigten Stärken gewinnt, haben wir für alle vorgestellten Körbe Materiallisten mit Stärkenangaben erstellt. Natürlich können Sie die Weiden auch etwas schwächer wählen, jedoch müssen Sie dann das Stärkenverhältnis entsprechend einhalten.

Einweichen

Um die Weidenruten flechtbereit zu machen, müssen sie in einem geeigneten **Wassertrog** (siehe Seite 34) eingeweicht werden. Die **Dauer** des Einweichens richtet sich nach der Art, Länge und Stärke der Weiden. Auch die **Temperatur** des Wassers spielt eine entscheidende Rolle.

Weichen Sie **ungeschälte Ruten** nach Möglichkeit im Freien ein, da während der langen Weichzeit von etwa 1½–3 Wochen der Gerbstoff eine Haut auf dem Wasser bildet und davon eine nicht unbeträchtliche Geruchsbelästigung ausgeht.

Da die geweichten ungeschälten Weiden nur einige Tage flechtbereit bleiben, empfiehlt es sich, den Bedarf zu Beginn genau zu kalkulieren. Die Weichzeit der Ruten ist beendet, wenn sie sich gut biegen lassen ohne zu brechen. Zur **Prüfung der Verwendbarkeit** bedarf es einiger Erfahrung des Flechters, der **optimale Zeitpunkt** wird durch Fühlen und Probieren bestimmt und nicht im technischen Sinne gemessen.

Die Weidenbunde werden dann aus der Wanne genommen, möglichst mit Frischwasser abgespült, damit die abgesetzte Haut, Insekten oder sonstige Verschmutzungen nicht mehr an den Weiden haften, und auf den kühlen Werkstattboden gelegt. Abdecken mit einem feuchten Tuch oder einer Folie verhindert ein zu schnelles Austrocknen der Ruten. Die ungeschälten, geweichten Ruten sind über einige Tage **flechtbereit**. Sollte zu viel Material eingeweicht worden sein, und der Flechter wird der Menge nicht Herr, dürfen die wieder eingetrockneten Weiden nicht noch einmal gewässert werden, da die Rinde sich dann löst und die Qualität **unbrauchbar** wird.

WEICHZEITEN SIND UNTERSCHIEDLICH

Bei den Weichzeiten ist es nicht möglich, absolute Zeitangaben zu machen, da es sich um ein Naturmaterial handelt und jeder Flechter mit seinem Material eigene Erfahrungen machen muss.

Das Weichen von **geschälten Ruten** ist um einiges einfacher, bedarf jedoch auch einiger Erfahrung. Die Weichzeit für geschälte Ruten beträgt je nach Stärke 1–2 Stunden. Sie sollten zügig verarbeitet werden, da sie während des Flechtens schnell austrocknen.

Wichtig! Weichen Sie nur so viel Material ein, wie Sie in wenigen Stunden verarbeiten!

Die **Arbeitsplanung** ist notwendig, da zum Beispiel die stärkeren Bodenstöcke oder die Henkeleinlage wesentlich länger weichen müssen als die dünneren Flechtweiden. Zu langes Einweichen schädigt die Weidenruten: sie werden dadurch **wasserhart** und brechen leicht. Nach dem Herausnehmen aus der Wanne lassen Sie die Weiden kurz abtropfen und schlagen sie dann in ein Tuch oder eine Folie ein. So bleiben sie mehrere Stunden verarbeitungsfähig. Liegt das Material zu lange eingewickelt, werden die Ruten schmierig, bekommen Stockflecken oder Schimmel und werden brüchig.

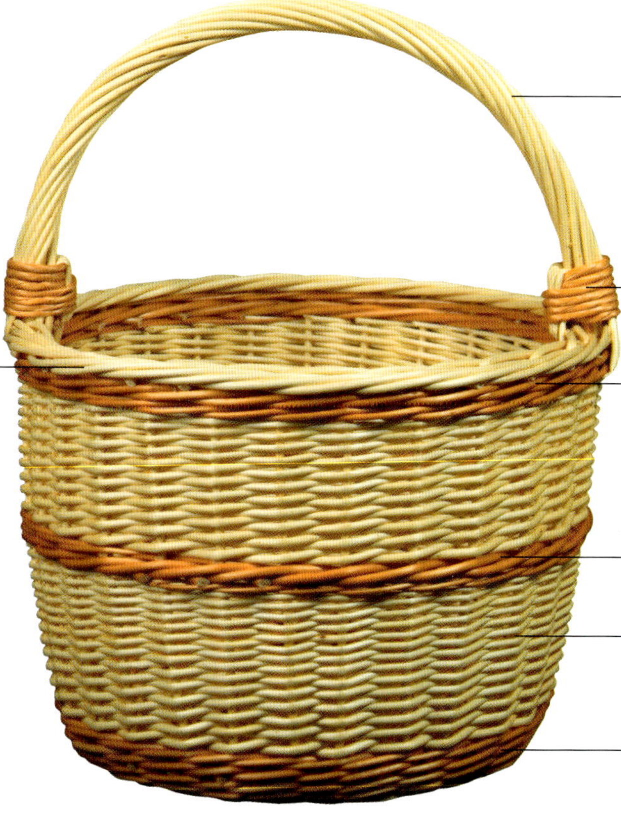

Mustergültig: Dieser Korb ist aus typischen Grundelementen aufgebaut. Durch Abwandlung und Neukombination der Grundelemente entstehen zahlreiche individuelle Korbvariationen.

Vom Boden bis zum Henkel

Wie flechte ich einen Korb? Wo fange ich an? Bevor Sie mit dem Flechten Ihres Wunschkorbes beginnen können, ist eine sorgfältige Auswahl des Materials nötig. Sortieren Sie sich Ihren Bedarf an Weiden zu übersichtlichen Bündeln und weichen Sie diese dann ein. Jetzt kann mit dem Boden begonnen werden. Da sind zum Ersten die Bodenstöcke, die man aufspaltet und ineinander steckt, und zum Zweiten die Weiden zum Aufbrechen und Ausflechten des Bodens. Diese Weiden werden auch **Bodenholz** genannt.

Aufbrechen nennt man den Beginn des Bodens und das Flechten bis alle Bodenstöcke vereinzelt sind.

In den fertigen Boden stecken Sie kräftige Weiden ein, der Korbflechter nennt sie **Staken**, der Vorgang heißt **Aufstaken**. Zuvor haben die Staken dafür an ihrem Stammende einen schrägen Schnitt erhalten, den **Schalm**.

Nach dem Aufstaken erhält der Korb seinen Fuß, auf dem er später steht. Diese **Fußkimme** kann mit separaten Weiden geflochten werden. Anschließend werden die Staken **hochgenommen**, also in die Senkrechte gestellt und oben zusammengebunden. Die Staken können auch ohne Fußkimme hochgenommen und zusammengebunden werden, den Fuß und die Kimme flicht man dann mit den Weiden der ersten Schicht. Um ein gleichmäßiges Geflecht zu erhalten, ist es notwendig, die Staken mit dem Schlageisen bündig in das Bodengeflecht einzuschlagen. Stecken Sie nun einen Pfriemen durch den Mittelpunkt des Bodens und befestigen Sie damit den aufgestakten Korb auf Ihrem Werkbrett. Nun sieht das Gebilde schon fast nach einem Korb aus!

Als nächstes wird eine **Kimme** als Beginn des Rumpfgeflechtes eingeflochten. Die Kimme stabilisiert das Geflecht und die Form. Jetzt legen Sie zum Ausflechten der Korbwand die erste Schicht ein. Die **Schicht** besteht aus so vielen Weiden wie der Korb Staken hat. Während des Schichtflechtens klopfen Sie das Geflecht immer wieder mit dem Schlageisen fest. Nach dem Ende der ersten Schicht können Sie eine **Zwischenkimme** flechten oder auch gleich die zweite Schicht einlegen.

Hat der Korb sein Maß erreicht, weichen Sie ihn nochmals gut ein, dann folgen die Abschlusskimme und der **Rand**. Dieser Rand wird **Zuschlag** genannt. Der Korbrumpf ist fertig!

Die überstehenden Weidenspitzen am Rand und die Weidenenden im Inneren des Korbes werden abgeschnitten. Der Korbflechter verwendet hierzu ein gebogenes Messer, den Ausstecher, oder eine scharfe Schere. Der Vorgang selbst heißt **Ausputzen**.

FLECHTSCHLAG

Eine Flechtweide wird in einem bestimmten Rhythmus, dem Flechtschlag, um die Staken geflochten. Dieser Rhythmus wiederholt sich. Ein üblicher Flechtschlag lautet: *vor eine Stake / hinter eine Stake / nach vorne.* Das bedeutet, dass die Flechtweide aus dem Blickwinkel des Flechters zuerst vor der Stake zu sehen ist und dann hinter der nächsten Stake wieder nach vorne geführt wird.

Nun fehlt dem Korb noch ein passender **Henkel**, dieser besteht aus einem Henkelstock und den Henkelweiden. Schalmen Sie den Henkelstock an und stecken Sie ihn mit Hilfe eines Pfriemens

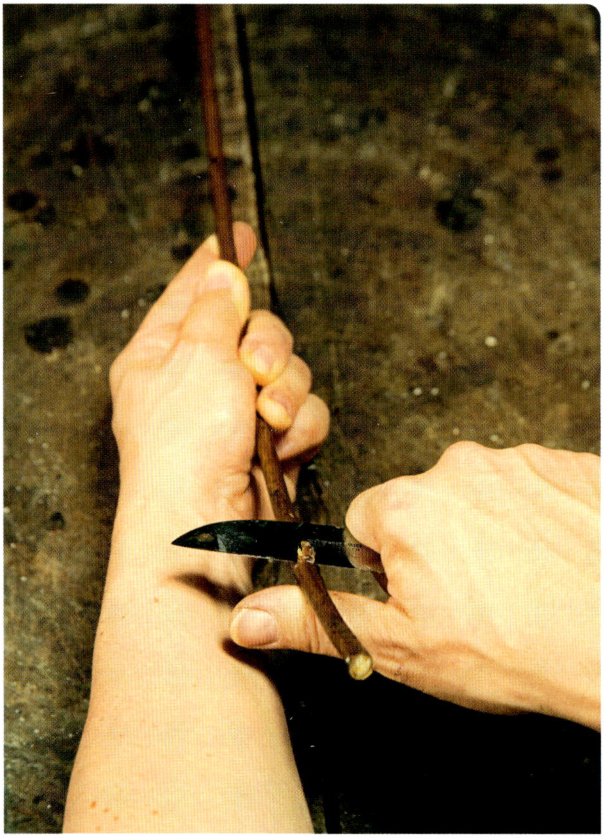

Handhabung des Messers beim Anschalmen der Weide

in die Korbwand ein, danach wird er mit den Henkelweiden umschlungen und mit einer Bindung am Geflecht fixiert. Nun ist der Korb fertig!

Flechtroutine

Während des Flechtens immer wiederkehrende Tätigkeiten sind das **Wässern** des Korbes, das **Klopfen** des Geflechts mit dem Schlageisen und die **Kontrolle** der gewünschten Maße.

Zu den Routinetätigkeiten beim Flechten gehören auch das **Anschalmen** und die **Formgebung**.

Anschalmen

Für das Einstecken der Staken in den Korbboden müssen diese angeschalmt werden. **Schalm** nennt man das Schnittbild eines langen Schnittes.

Die Weidenrute liegt in der linken Hand und der Daumen der rechten Hand, in der sich das Messer befindet, liegt unter der Weide. Die vier Finger der rechten Hand umfassen den Schaft des Messers, dessen Klinge auf der Weide, in deren natürlicher Wölbung, zu liegen kommt. Die Neigung der Klinge ist variabel, je nach dem ob ein kurzer, knapper Schnitt oder ein langer Schnitt erreicht werden soll.

Wichtig! Diese Griffstellung – Klinge auf, Daumen unter der Weide – muss eingehalten werden um eine **Verletzungsgefahr** zu vermeiden.

Nun zieht die rechte Hand das Messer mit einer kurzen und schnellen Bewegung zum Körper hin.

Dabei berührt aber die Klinge den Daumen nie. Der so entstandene Schnitt zeigt einen Teil des Marks und an der Spitze das Holz der Weide. Ein so gestalteter Schalm lässt sich gut ins Geflecht einführen.

UMGANG MIT DEM MESSER

Sicherlich ist Ihnen das Arbeiten mit dem Messer auf den Körper zu anfangs sehr ungewohnt, da der Ratschlag der Eltern aus frühester Kindheit immer hieß: mit dem Messer soll man stets weg vom Körper arbeiten! Wir haben es hier jedoch mit einer weichen und elastischen Holzart zu tun, die einer Führung während des Schneidens bedarf. Außerdem können Sie so zügiger arbeiten und erhalten ein deutlich besseres Ergebnis!

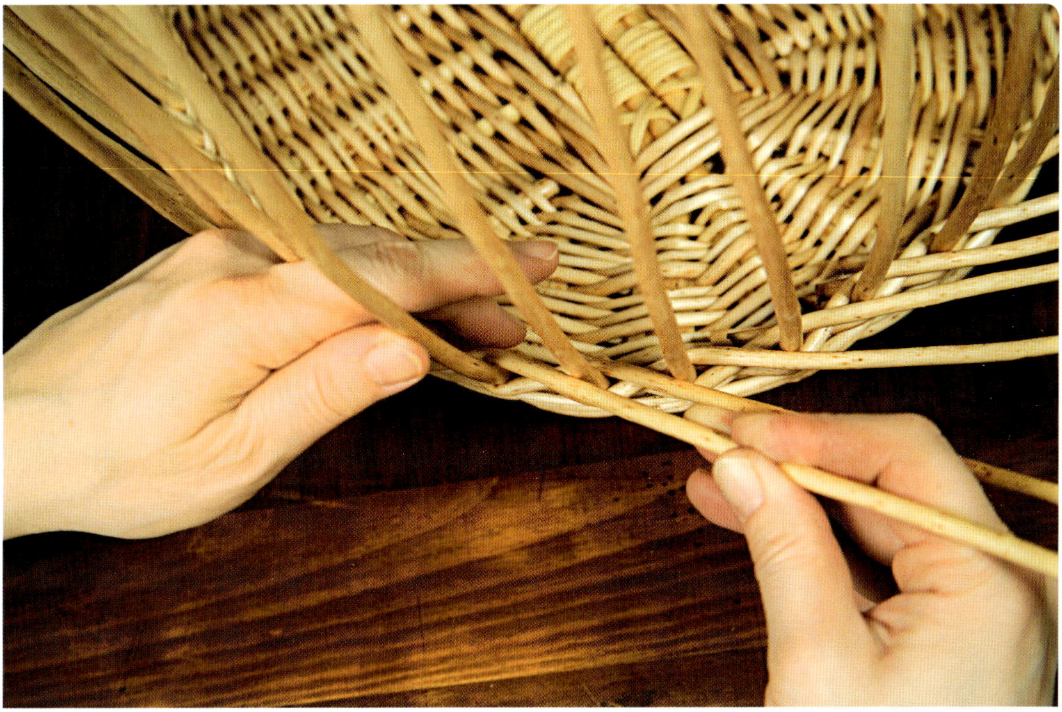

Die richtige Handhaltung beim Flechten.

Formgebung

Mit dem Wunsch, einen Gegenstand selbst herzustellen und zu gestalten, haben Sie sich der Flechterei zugewandt. Sie möchten Ihrem Werkstück eine bestimmte Form und damit auch Ihren persönlichen Ausdruck geben.

Dazu ist während des Flechtens ein immerwährendes Formen und Ausrichten der Staken nötig. Den Flechtschlag vor der Stake stärker anzuziehen, bewirkt, dass die Stake mehr nach innen läuft. Wenn der Korb zu eng wird und Sie die Staken lieber weiter nach außen verlaufen lassen möchten, ziehen Sie den Flechtschlag, der hinter der Stake verläuft, etwas stärker an.

Unterstützen Sie die Staken dabei jeweils mit den Fingern der linken Hand. Mit dem Meterstab überprüfen Sie beim Nachmessen die angestrebte Größe Ihres Korbes.

Die wichtigsten Korbtypen

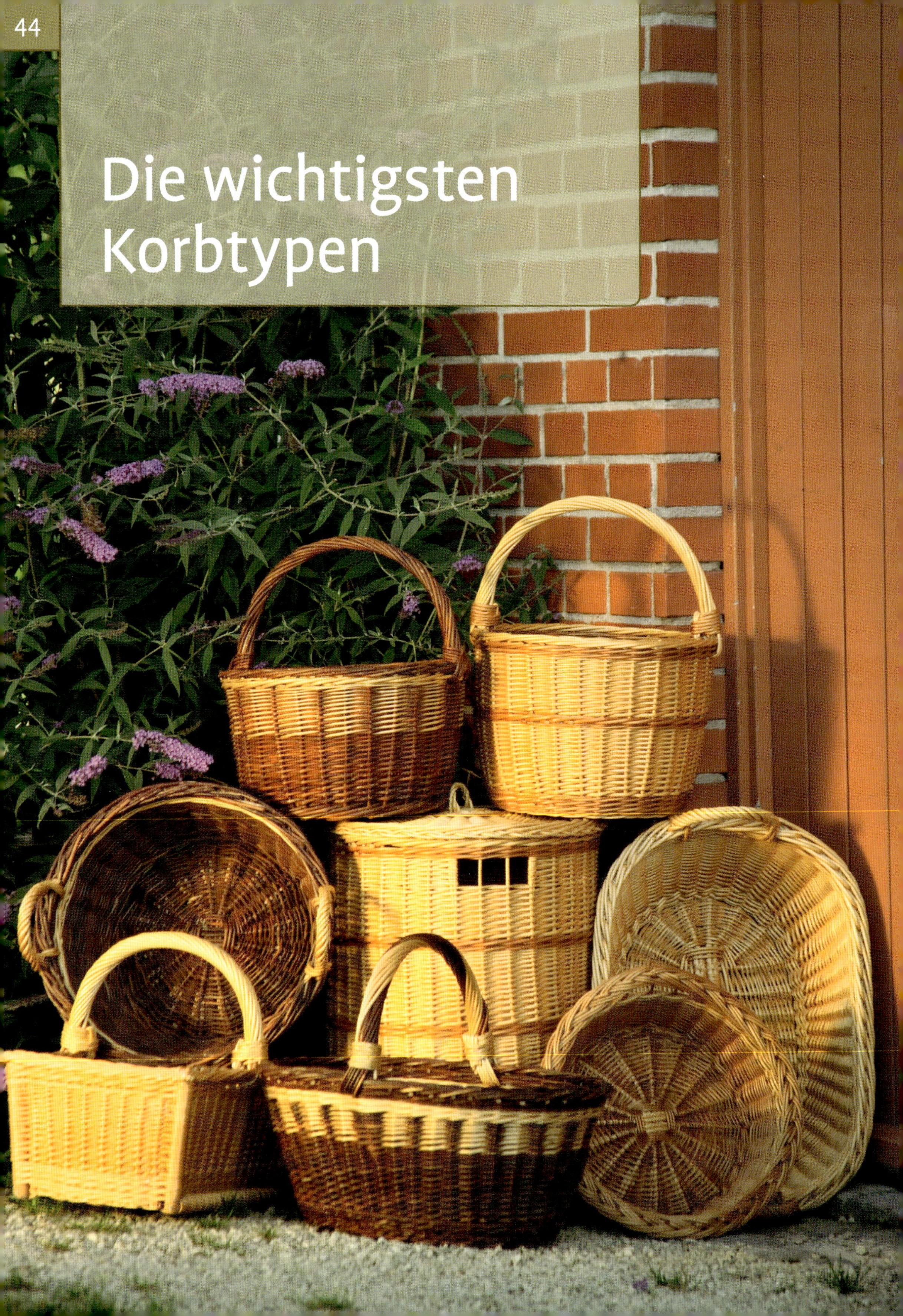

EMPFEHLUNG
Wir haben die ausgewählten Körbe dem Schwierigkeitsgrad nach aufsteigend geordnet. Sollten Sie noch keinerlei Flechterfahrung besitzen, fangen Sie am besten mit dem runden Henkelkorb an.

Nun sind Sie dran! Wir zeigen Ihnen, wie Sie traditionelle Korbwaren selbst flechten können.

Viele Farbfotos veranschaulichen die Vorgehensweise, sodass Sie die Beschreibung leicht nachvollziehen können. Aber denken Sie daran: Es ist noch kein Meister vom Himmel gefallen! Haben Sie Geduld mit sich und den Weiden. Ein von Ihnen handgemachter Korb ist die Mühe sicher wert.

Runder Henkelkorb

Der runde Henkelkorb ist ein Klassiker unter den Körben! Auch Bogenkorb genannt, dient er zum Transport aller möglichen Dinge und im ländlichen Raum besonders zum Auflesen von Äpfeln.

Außenmaße: Bodendurchmesser: 27 cm, Korbhöhe: 22 cm, Korbhöhe mit Henkel: 39 cm, Durchmesser oben außen: 39 cm.

Der runde Boden: Die Anzahl der benötigten Bodenstöcke hängt von der Art und Größe des gewünschten Korbes ab. Für diesen Korb flechten wir einen Boden mit sieben Bodenstöcken, einen sogenannten **Siebener-Boden**. Aus den Bodenstöcken wird ein **Bodenkreuz vier auf drei** aus drei gespaltenen und vier ungespaltenen Bodenstöcken zusammengesteckt.

Gehen Sie dabei folgendermaßen vor: Schneiden Sie die sieben Bodenstöcke etwa 10 cm länger wie den vorgesehenen Bodendurchmesser zu.

Spalten Sie dann mit einem **Messer** oder einer **Kneifzange** den ersten Bodenstock in der Mitte auf einer Länge von etwa 6 cm. Durch diesen Schlitz wird der erste ungespaltene Bodenstock

Materialliste für einen runden Henkelkorb aus ungeschälten und weißen Weiden

Anzahl	Art	Länge	Stärke
7	Bodenstöcke	37 cm	10 mm
2	Weiden für Bodenaufbruch	160 cm	5,5 mm
16	Weiden zum Bodenflechten	140 cm	5,5 mm
28	Staken	160 cm	6,5 mm
28	Einschlag (Fuß und Schicht)	160 cm	6 mm
14	Schichtweiden,weiß	120 cm	4 mm
14	Schichtweiden, ungeschält	120 cm	4 mm
8	Kimmweiden	140 cm	6 mm
1	Henkeleinlage	80 cm	14 mm
10	Henkelweiden	160 cm	6 mm

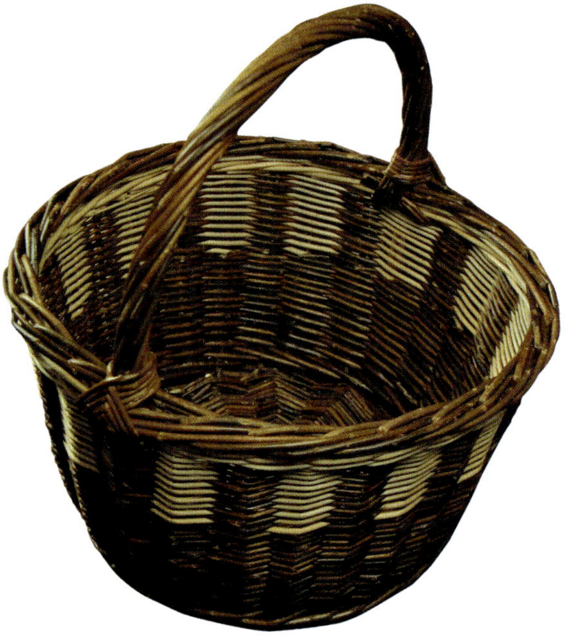

Der Klassiker unter den Körben.

durchgesteckt. Nun werden hintereinander die nächsten zwei Stöcke geschlitzt und auf den durchgesteckten, ungespaltenen Stock geschoben.

PRAXISTIPP

Der Boden ist das Fundament des Korbes und von Anfang an sollten Sie viel Beachtung auf eine saubere und feste Flechtweise legen. Der Boden muss eine Wölbung zum Inneren des Korbes hin aufweisen, damit die Kraft der später eingesteckten senkrechten Weiden – diese werden als Staken bezeichnet – den Boden nicht nach unten auswölbt. Das hätte ein auf dem Arbeitsbrett wackelndes Werkstück zur Folge.

Wichtig! Achten Sie darauf, dass immer dicke neben dünnen Weidenstockenden liegen. Ein zweiter ungespaltener Stock wird in den Spalt der drei geschlitzten Bodenstöcke geschoben, sodass zwischen den beiden durchgesteckten Stöcken ein Abstand für die zwei letzten Stöcke entsteht. Diese können Sie nun einfach in diesen Abstand einschieben und erhalten ein auf allen Seiten gleichmäßiges Bodenkreuz.

Für den Beginn des Bodens, auch **Aufbrechen** des Bodens genannt, benötigen Sie zwei Weiden der Länge 160 cm, die an den Stammenden etwa 15 cm lang **angeschalmt** (siehe Seite 42) werden. Diese stecken Sie auf der Unterseite des Bodens nebeneinander in die gespaltenen Bodenstöcke ein. Beide Weiden zeigen von Ihnen fort. Nun nehmen Sie die linke Weide, drehen sie leicht an und legen sie nach rechts über die zweite eingesteckte Weide (siehe Seite 47 oben).

Nun wird das Bodenkreuz um die eigene Achse gedreht: der Blick des Flechters fällt nun auf die Oberseite des Bodens und die Weide kommt nahe dem **Kreuzungspunkt** des Bodenkreuzes zu liegen.

Mit dem Daumen der linken Hand halten Sie die Weide an ihrem Platz, die Weidenspitze zeigt dabei nach hinten unten. Greifen Sie mit der rechten Hand die zweite Weide und führen Sie diese ebenfalls auf die Oberseite des Bodens und über die nächsten drei Stöcke nach hinten unten.

Das Bodenkreuz wird während des Flechtens gedreht und dabei bewegen sich die beiden Weiden abwechselnd nach vorne, dann nach hinten. Dadurch verwinden sich die Weiden und es entsteht ein **gewundenes Geflecht**, eine **Fitze**. Insgesamt werden drei Runden am Anfang des Bodenaufbruchs geflochten.

In der vierten Runde teilen Sie die vier Bodenstöcke in zwei **Paare**, die drei Bodenstöcke schon in drei einzelne Stöcke auf (siehe unteres Foto).

Flechten Sie mit der Flechttechnik der Fitze weiter. Teilen Sie nach weiteren zwei Runden auch die noch verbliebenen Paare in einzelne Stöcke auf.

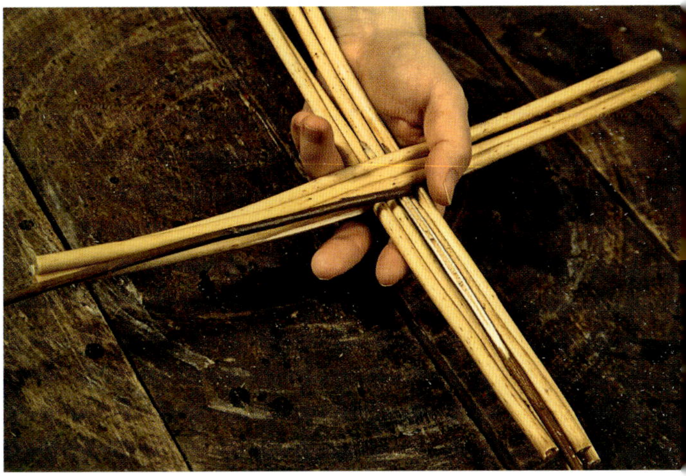

Die ersten beiden Weiden für den Bodenaufbruch werden eingesteckt.

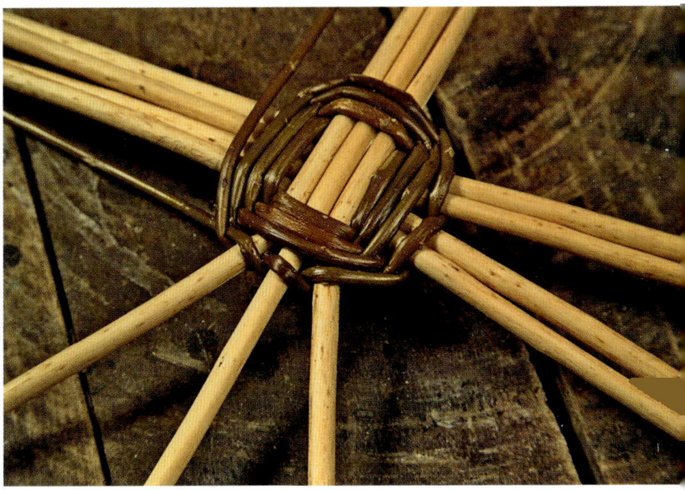

Bodenaufbruch.

PRAXISTIPP

Da Flechtweiden nicht unendlich lang sind, ist ein Ansetzen der Ruten notwendig. Auf der Bodenunterseite wird immer Spitze auf Spitze und Stammende auf Stammende angesetzt.

Wenn der Boden knapp seine gewünschte Größe von 27 cm erreicht hat, flechten Sie die **Abschlussrunde**. Setzen Sie die vorletzten zwei Weiden so an, dass sie mit dem Stammende enden. Die letzten zwei Weiden werden für die Abschlussrunde mit den Stammenden von hinten nach vorne durchgesteckt und verflochten. Dies gibt der letzten Runde einen guten Halt.

Die Weidenspitzen werden zum Schluss im Geflecht **verzogen**, das heißt, sie werden in die letzte Runde des Geflechtes eingesteckt, sodass sie nicht mehr herausrutschen können.

Die auf der Bodenunterseite herausstehenden Weidenreste werden mit der Schere sorgfältig abgeschnitten. Dieses Abschneiden nennt man **Ausputzen**.

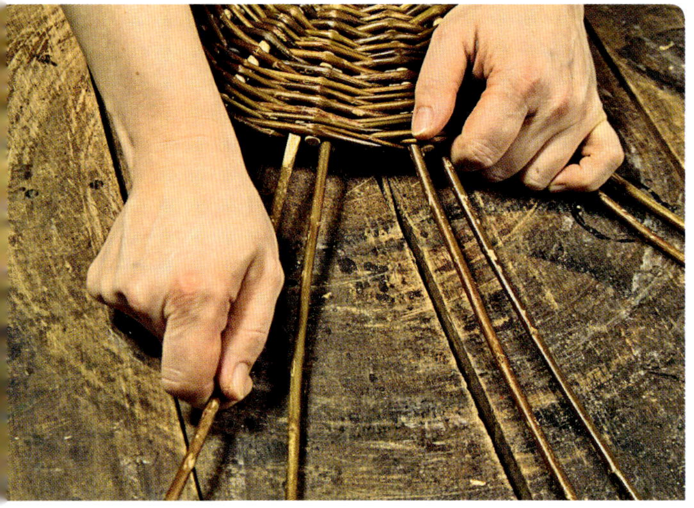

Einstecken der Staken in den Boden.

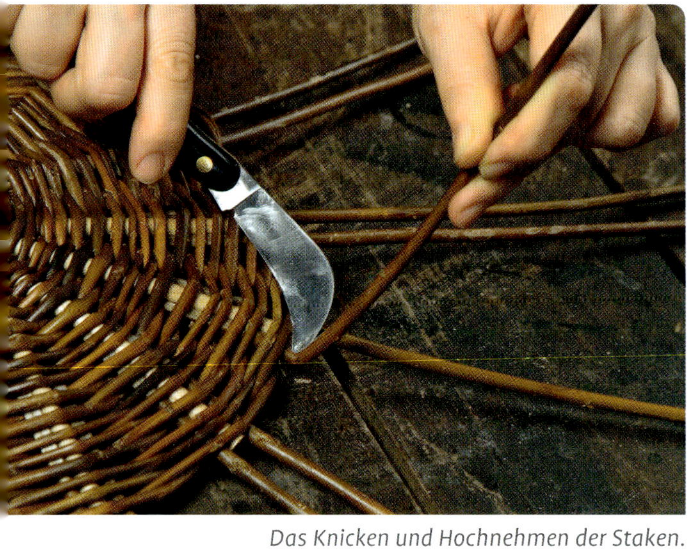

Das Knicken und Hochnehmen der Staken.

Schneiden Sie auch die noch überstehenden Bodenstöcke mit der Schere am Bodenrand ab.

Wichtig! Achten Sie beim Ausputzen besonders darauf, dass nicht zu kurz abgeschnitten wird, da sonst die Weiden nach vorne durchrutschen und ein Loch im Geflecht entsteht. Der Schnitt muss also immer auf dem zugehörigen Bodenstock zu liegen kommen.

Der Korbrumpf: Die Anzahl der Staken richtet sich nach der Anzahl der **Bodenstockenden**. Pro Bodenstockende benötigen Sie zwei Staken, insgesamt also 28 Staken. Legen Sie sich den fertig ausgeflochtenen Boden mit der Oberseite nach oben auf den Schoß oder auf Ihr Werkbrett. Stecken Sie nun die Staken jeweils links und rechts neben den Bodenstockenden ins Bodengeflecht (siehe Foto links).

Der **Schalm** der Stake zeigt beim Aufstaken nach oben. Das Werkstück sieht nun aus wie eine große Sonne!

Nun müssen die Staken nach oben gebogen werden, der Korbflechter nennt dies **Hochnehmen**. Um das Hochnehmen der Staken zu erleichtern, drücken Sie mit dem Messer oder dem Pfriemen am Rand des Bodens leicht auf die Staken und biegen diese dann nach oben. Mit der bereitgelegten **Schnur** binden Sie die Staken über dem Mittelpunkt des Bodens in einer Höhe von etwa 70 cm zusammen. Damit die Staken gut im Boden sitzen, werden sie mit dem Schlageisen nochmals gut eingeklopft. Nun ist das Gerüst des Korbes entstanden.

AUFSTAKEN
Das Einstecken von senkrecht stehenden Weiden in den Korbboden bezeichnet der Korbflechter als Aufstaken. Um diese als Staken bezeichneten Weiden werden die Flechtweiden geflochten. So entsteht die Wandung des Korbes.

Nun folgt das Flechten des **Korbfußes** und der **Schichten** der Korbwand. Die Weiden für die Korbwand sind in der Regel dünner als die Staken. Üblicherweise wird in der Flechtart Schicht geflochten. Die dafür verwendeten Weiden bezeichnet der Korbmacher als **Schichtweiden**.

Beim sogenannten **Einschlag** werden die Schichtweiden auch zur Fußbildung benutzt. Dazu müssen Sie die Schichtweiden zunächst anschalmen (siehe Seite 42).

Zum Einsetzen der Schichtweiden halten Sie Ihr Werkstück auf dem Schoß. Stecken Sie jeweils links neben jeder Stake eine Schichtweide in den Boden.

Der folgende **Flechtschlag** läuft *vor vier Staken / nach hinten* und *hinter zwei Staken / nach vorne* (siehe Foto rechts). Wenn alle 28 Schichtweiden eingesetzt und so verflochten sind, steht aus jedem **Stakenzwischenraum** eine Flechtweide hervor. Mit einem Pfriemen, der im Mittelpunkt des Bodens zwischen den Bodenstöcken durchgesteckt wird, befestigen Sie den Korb auf dem Arbeitsbrett. Nun werden die Weiden als Schicht in den Korb eingeflochten. Dazu beginnen Sie mit einer beliebigen Weide und flechten *vor eine Stake / hinter eine Stake / nach vorne.* Mit diesem ersten Flechtschlag entsteht auch das erste **Paar**, weil ja in diesem Abstand schon eine andere Schichtweide herausschaut.

Nun greifen Sie zur Weide links neben der zuerst verflochtenen und flechten diese in gleicher Weise *vor eine Stake / hinter eine Stake / nach vorne.* Das zweite Paar entsteht. Rundherum wird jede Weide so verflochten.

Wieder angekommen bei den beiden Paaren werden diese **aufgelöst**, also getrennt. Verflechten Sie dabei vom ersten Paar die unterste Weide und dann vom zweiten Paar die unterste. Damit die Systematik des Musters nicht unterbrochen wird, dürfen sich die Weiden nicht miteinander verwinden. Klopfen Sie mit

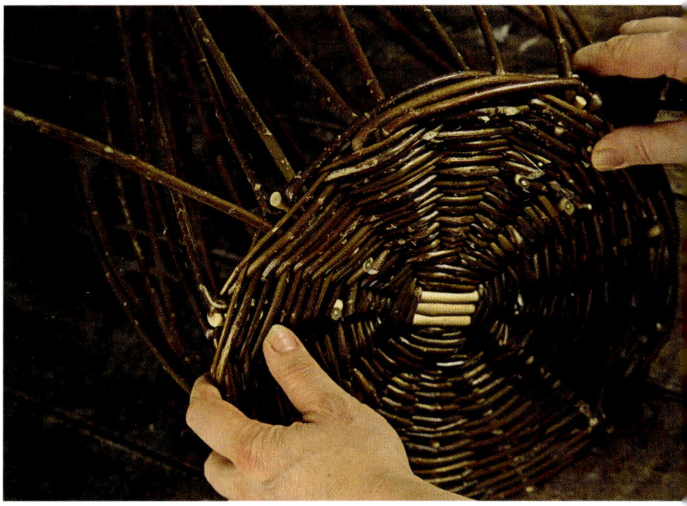

Einsetzen der Schichtweiden und anschließender Flechtschlag vor vier / hinter zwei.

dem Schlageisen nun rundherum das Geflecht fest.

Der noch ungeübte Flechter wird die jeweiligen Runden besser nur mit einem Flechtschlag pro Weide arbeiten. Mit entsprechender Erfahrung können Sie dann immer mehr Paare zu Beginn der Runde bilden und das Flechten geht dadurch immer flotter.

PRAXISTIPP

Prüfen Sie die Weiden beim Einlegen jeder Schicht! Legen Sie dazu die Weiden mit den Stammenden nach rechts auf Ihren Schoß. Mit der rechten Hand greifen Sie die erste Weide und wenden sie in der Luft, sodass die Spitze nach rechts zeigt. Lassen Sie bei dieser Bewegung die Weide durch die locker aufliegende linke Hand gleiten. So erspüren Sie Knicke, Verästelungen oder Schadstellen des Materials. Untaugliche Weiden legen Sie zur Seite.

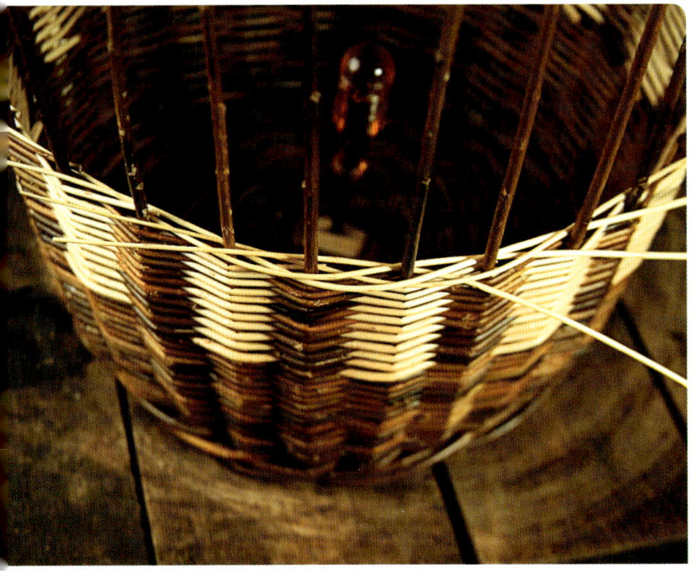

Beginn der Viererkimme.

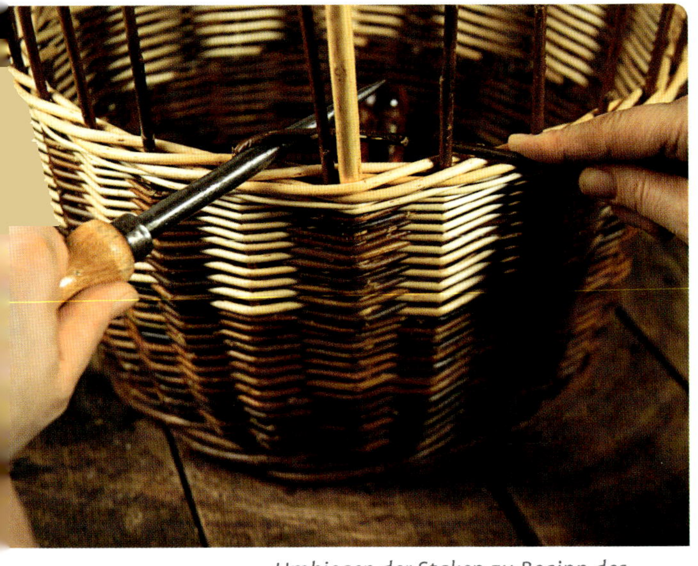

Umbiegen der Staken zu Beginn des Zuschlagrandes.

Wichtig! Klopfen Sie während des gesamten Schichtflechtens regelmäßig das Geflecht fest! Beim Beenden der ersten Schicht hat der Korb eine **geklopfte Höhe** von etwa 13 cm erreicht. Nun beginnen Sie mit der Vorarbeit für den späteren Henkel. Dazu benötigen Sie zwei angeschalmte Weidenstöcke, die als Henkelplatzhalter für den späteren Henkelstock dienen. Vom Bodenkreuz ausgehend werden die **Henkelplatzhalter** genau gegenüberliegend links neben die ausgesuchte Stake eingesteckt. Diese Platzhalter bleiben für die Zeit bis zur endgültigen Fertigstellung des Korbes an ihrer Stelle.

Da die bisher erreichte Höhe noch nicht ausreichend ist, legen Sie nun eine **zweite Schicht** ein.

Mit dem Stammende ins Innere des Korbes zeigend, legen Sie die erste Schichtweide in einen beliebigen Abstand zwischen zwei Staken ein und führen sie *vor eine Stake / hinter eine Stake / nach vorne*. Eine Schicht mit diesem Schlag nennt man auch **Zäunerschicht**. Die zweite Weide legen Sie einen Abstand weiter links ein und verflechten sie ebenso. Es wird also nach links eingelegt und in Flechtrichtung rechts geflochten! Reihum wird in jeden Abstand eine Schichtweide eingelegt.

Wichtig! Beachten Sie bei den letzten beiden Schichtweiden, dass die Systematik des Geflechts erhalten bleibt und die Weiden sich nicht miteinander verkreuzen!

Nun flechten Sie die Schicht komplett in den Korb ein. Das Bilden und Auflösen der Paare kennen Sie schon von der ersten Schicht.

Für unseren traditionellen Henkelkorb benötigen wir für die zweite Schicht **geschälte** und **ungeschälte Weiden** der Länge 80 cm. Praktischerweise können Sie Abschnitte verwenden, das sind beim Randflechten anfallende Weidenspitzen. Diese Schichtweiden werden farblich abwechselnd eingelegt und es ergibt sich ein senkrecht gestreiftes Muster. Dieses Muster wird landläufig **gescheckte Schicht** genannt.

Wenn der Korb eine Höhe von 20,5 cm erreicht hat, schneiden Sie die Spitzen der Schichtweiden mit dem Messer ab und zwar so, dass diese im Inneren des Korbes zu liegen kommen.

Nun flechten Sie zur Festigung der Korbwand eine **Viererkimme** als Abschlusskimme.

KIMME
Eine Kimme ist ein gewundenes Geflecht, das aus mehreren Weiden geflochten wird. Für eine Viererkimme werden vier Weiden gleichzeitig geflochten, sie gibt dem Korb nochmals eine besondere Festigkeit und die endgültige Form, stabilisiert und dient dem letzten Ausrichten der Staken.
Befindet sich eine Viererkimme direkt unter dem Zuschlag, also dem Abschluss des Geflechts, nennt man sie Abschlusskimme.

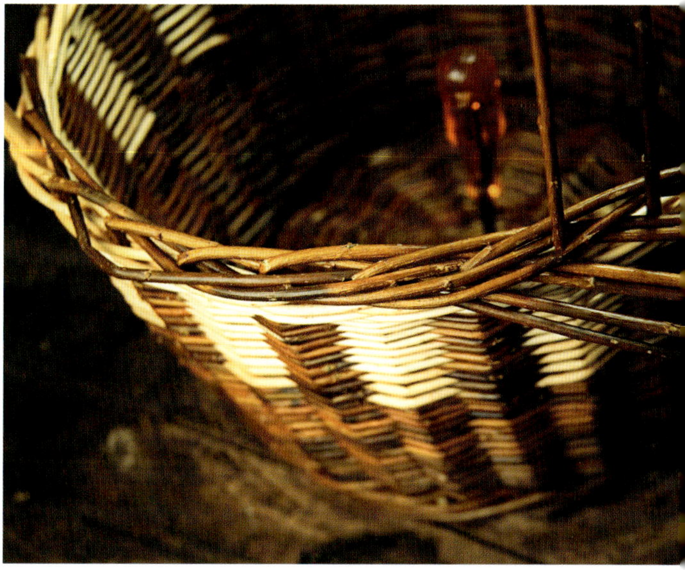

Anfang des Zuschlagrandes mit Bildung von vier Paaren.

Legen Sie die erste Kimmweide – mit der Spitze nach vorn – hinter zwei Staken ein. Die zweite Kimmweide legen Sie in gleicher Weise einen Abstand weiter rechts ein und so weiter bis alle vier Weiden eingelegt sind (siehe Foto Seite 50 oben).

Die links liegende Weide beginnt mit dem Flechtschlag *vor zwei Staken / hinter zwei Staken*, und wird dadurch zur ganz rechts liegenden Weide. Nach der ersten Weide folgt die zweite im selben Flechtschlag *vor zwei Staken / hinter zwei Staken* und so fort. Während des Flechtens der Kimme liegen also immer vier Weiden in vier Abständen hintereinander.

Sind die ersten vier Weiden bis zum Stammende verflochten, werden die nächsten vier angesetzt. Dazu ziehen Sie das links liegende Stammende leicht nach links, um für das neue Stammende der einzusetzenden Weide Platz zu schaffen, und schieben die Weide nun ein. Danach flechten Sie den nun schon bekannten Flechtschlag *vor zwei Staken / hinter zwei Staken*. Die folgenden drei Weiden werden genauso angesetzt.

Nach dem Ansetzen **klopfen** Sie die bis dahin geflochtene Runde mit dem Schlageisen eben. Die Weiden werden nun bis zur Spitze ausgeflochten.

Die häufigste **Randbildung** ist der Zuschlag, den es in vielen verschiedenen Variationen gibt. Wir flechten für diesen traditionellen Korb den gebräuchlichsten Zuschlag, den **Zuschlag mit vier Paaren**. Dafür werden die noch nach oben stehenden Staken verflochten. Biegen Sie zu Beginn nacheinander vier Staken über einen Pfriemen (siehe Foto Seite 50 unten). Im dadurch entstehenden Abstand können später die letzten Weiden des Zuschlages verzogen werden. Beginnen Sie dabei mit der zweiten Stake, die vor dem Henkelplatzhalter steht. Dies hat den Vorteil, dass das Ende der Runde, sollte es noch nicht so gelungen sein, mit der Henkelbindung abgedeckt wird.

PRAXISTIPP
Sollte eine Stake beim Flechten des Randes abbrechen, so schneiden Sie diese bündig ab und stecken eine neue, angeschalmte Weide derselben Stärke links daneben ein!

Nun legen Sie die erste Stake hinter den zwei rechts von ihr stehenden Staken nach vorne, ebenso die drei weiteren Staken.

Ab jetzt besteht jeder Arbeitsschritt aus zwei Teilen. Die Arbeitsschritte wiederholen sich während des Randflechtens ständig. Pro Arbeitsschritt wird eine nach vorn zeigende Stake sowie eine nach oben stehende Stake verflochten.

Greifen Sie mit der rechten Hand die linke nach vorn stehende Weide und führen Sie diese *vor drei Staken / nach hinten* und hinter der vierten Stake wieder nach vorne. Jetzt biegen Sie die nächste stehende Stake hinter den folgenden zwei Staken nach vorne, sodass sie im selben Abstand zu liegen kommt. Das erste Weidenpaar ist gebildet. Nun wird wieder die linke der nach vorn zeigenden Staken genommen, *vor drei Staken / hinter eine Stake* geführt und die stehende Stake hinter zwei Staken dazugelegt. Das zweite Paar ist entstanden. Fahren Sie so fort, bis vier Paare nebeneinander nach vorne zeigen (siehe Foto Seite 51).

Ab jetzt flechten Sie rundherum systematisch weiter, indem Sie immer vom ganz linken Paar die rechte Weide *vor drei Staken / hinter eine Stake* legen und die links stehende Stake im gleichen Abstand dazulegen. Die beiden beieinander liegenden Weiden des Paares dürfen sich nicht verkreuzen, da sich sonst Fehler in die Systematik einschleichen.

Wenn Sie die umgebogenen Weiden vom Beginn der Runde erreichen, beginnt das **Verziehen** des Zuschlagrandes. Verziehen nennt man das Beenden des Zuschlagrandes. Legen Sie sich dafür einen Pfriemen bereit.

Wichtig! Die Weiden dürfen beim Verziehen keine Knicke bekommen, da sonst das Ende der Runde eindeutig sichtbar und die Regelmäßigkeit und Harmonie des Randes gestört wäre. Ziehen Sie die rechte Weide des linken Paares von innen nach außen unter der ersten umgebogenen Stake durch. Dann legen Sie die vorletzte stehende Stake um und ziehen diese ebenfalls von hinten nach vorn in denselben Abstand ein. Wieder ist ein Paar entstanden. Dies wird noch einmal wiederholt, sodass nun keine Stake mehr senkrecht steht.

Jetzt ragen also noch vier Paare nach vorne heraus, deren jeweils rechte Weide das Geflechtsmuster mit dem Schlag *vor drei Staken / hinter eine Stake* vervollständigt. Stechen Sie sich den Verlauf der zu verziehenden Weide mit dem Pfriemen vor, so können Sie später eine eventuell notwendige Korrektur ohne ein Knicken der Weiden vornehmen.

Beim vollständigen und richtig geflochtenen Rand erscheint nach dem Verziehen rundherum je eine zur Seite herausragende Weidenspitze pro Stakenabstand.

Schneiden Sie diese mit der Schere knapp am Rand ab: nicht so kurz, dass sie nach innen rutschen und nicht zu lang, da man sich sonst außen daran verletzen kann. Das perfekte Abschneiden der Ruten ist ein **Qualitätsmerkmal**, an dem man einen professionell geflochtenen Korb erkennt.

Die jetzt angefallenen kurzen Weidenspitzen nennt man **Abschnitte**. Diese werden nicht weggeworfen, sondern für weitere Flechtarbeiten, beispielsweise für eine kleine Schicht, aufbewahrt.

Putzen Sie den fertigen Korb mit Hilfe eines Ausstechers oder einer Schere aus, solange er noch leicht feucht vom Bearbeiten ist. Die überstehenden Enden werden so abgeschnitten, dass die Schnittfläche noch an der Stake anliegt.

Wichtig! Ein zu kurzes Abschneiden bewirkt, dass das Ende nach vorne herausrutscht. Dies ist auf jeden Fall zu vermeiden.

Der geschlungene Henkel: Ein Henkel hat eine im wahrsten Sinne des Wortes tragende Bedeutung. An ihm hängt in Zukunft das Gewicht des Korbinhaltes. Ob nur ein leichter Inhalt oder mehrere gefüllte Flaschen zu transportieren sind, der Korbträger muss sich auf die Stabilität des Korbes und des Henkels verlassen können. Wir erklären Ihnen im Folgenden, wie Sie einen Henkel fachgerecht anbringen.

Der Henkel besteht aus einer **einfachen Einlage** und Weiden, die diese Ein-

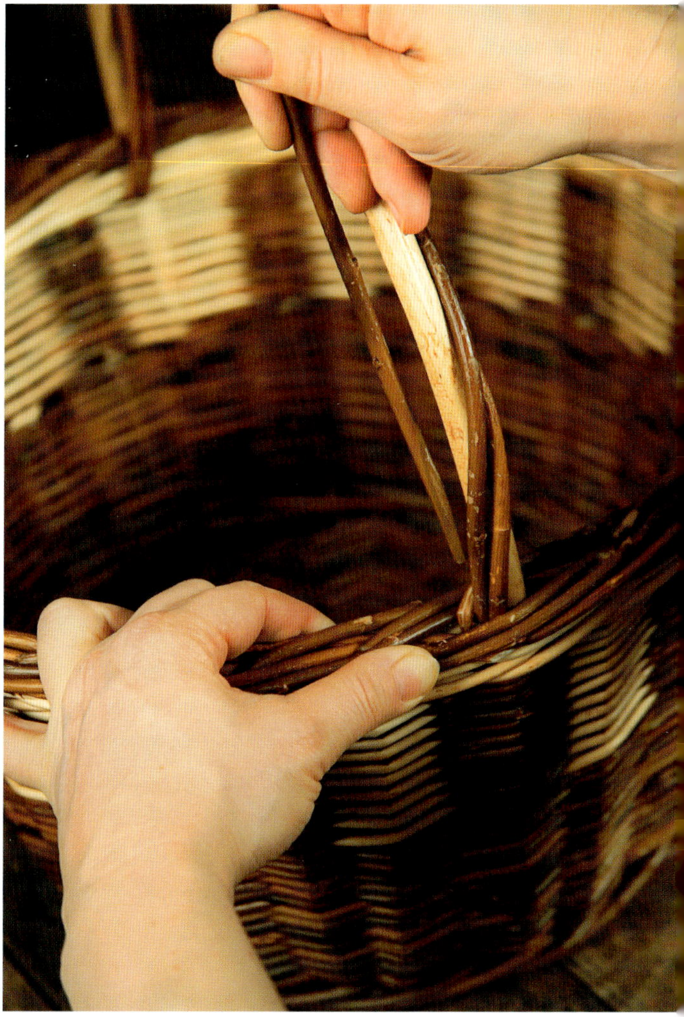

Einsetzen der ersten Weiden am Henkel.

lage umschlingen. Die inzwischen entfernten Henkelplatzhalter zeigen gut die Stelle zum Platzieren der Henkeleinlage an.

Schalmen Sie einen gut geweichten und vorgebogenen Weidenstock, der in der Stärke zum geflochtenen Korb passt, am Stammende mit einem etwa 8 cm langen Schnitt an. Stecken Sie diesen Stock, der als Henkeleinlage

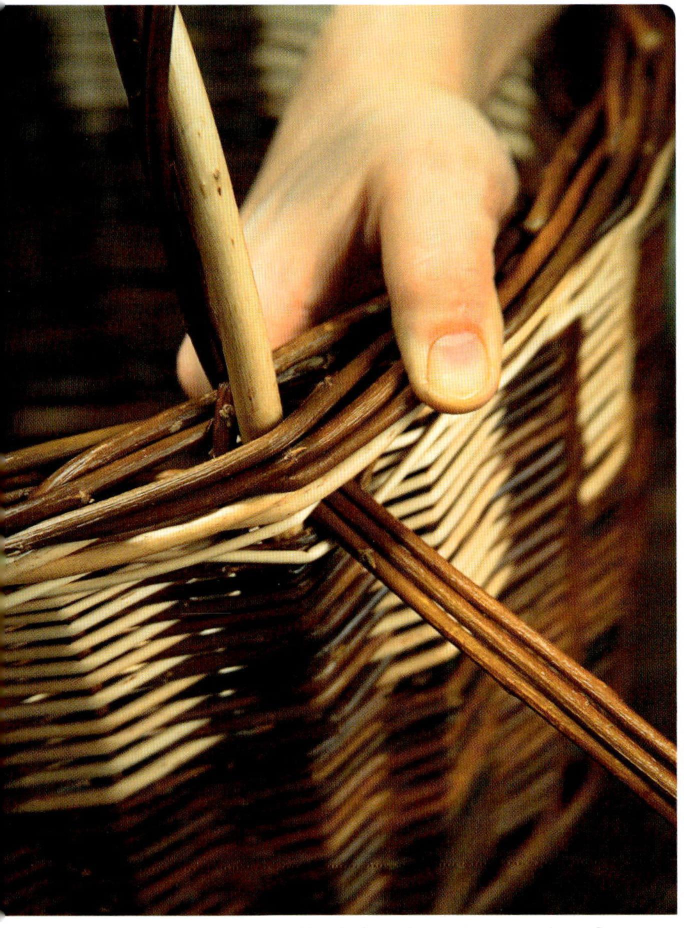

Die Henkelweiden zeigen nach außen.

dient, dann mit dem Schalm zum Korbinneren hin ein.

Mit beiden Händen biegen Sie den Stock in der gewünschten Höhe über den Korb bis zur anderen Seite und markieren dort die Stelle, an der Sie die Henkeleinlage auf die gewünschte Länge kürzen. An diesem neuen Ende bringen Sie ebenfalls einen Schalm an, der beim Einstecken in den Korb wieder zur Korbinnenseite zeigt.

Die **Höhe** eines Henkels richtet sich immer nach der Art des Korbes sowie nach seinem Einsatzgebiet. Unser Henkel soll vom Boden bis zur Unterkante der Henkeleinlage 38 cm hoch sein. Nun klemmen Sie den Korb zum Arbeiten zwischen die Knie.

Die Weiden zum **Umschlingen** des Henkels haben Sie angeschalmt und bereitgelegt. Sie dürfen weder verästelt noch geknickt sein, auch sollen sie alle die gleiche Stärke haben, damit sie sich glatt an die Einlage anschmiegen. Mit dem Pfriemen schaffen Sie nun links neben dem Henkel Platz, um die erste Weide einzusetzen.

Diese Weide schlingen Sie nun dreieinhalb Mal um die Einlage herum bis zur gegenüberliegenden Seite, wo sie rechts neben der Einlage unter der Kimme von innen nach außen durchgezogen wird (siehe Fotos links und Seite 55 oben, hier die dritte Weide).

Nun drehen Sie den Korb wieder auf die Seite, an der Sie angefangen haben, und stecken rechts neben der ersten Weide die zweite ein. Diese folgt beim Umschlingen genau dem Weg der ersten Weide und liegt ohne Abstand und Kreuzung neben ihr. Insgesamt verfahren Sie noch dreimal in der gleichen Weise. Alle fünf Weiden stehen nun auf der anderen Seite unterhalb der Kimme nach außen.

Wichtig! Achten Sie beim weiteren Arbeiten darauf, dass diese herausstehenden Weiden nicht abgeknickt oder gar abgebrochen werden!

Für den zweiten Teil des Henkels stecken Sie nun auf der noch leeren Seite ebenfalls nacheinander fünf Weiden ein, schlingen dieses um die Einlage herum und ziehen sie unter der Kimme rechts vom Henkel nach außen durch. Ein geübter Flechter steckt gleich zu Beginn mehrere Weiden ein und schlingt sie gemeinsam; für den Anfänger empfiehlt es sich jedoch, die Weiden einzeln zu schlingen.

Die Anzahl der Weiden, die man für das Umschlingen benötigt, ist abhängig von der Stärke der Weiden und der Stärke der Einlage. Sollte auf der zweiten Seite nur noch Platz für vier Weiden sein, so ist das auch möglich. Die Anzahl auf den beiden Seiten sollte jedoch nur um höchstens eine Weide variieren, damit die folgende Krawattenbindung nicht zu unterschiedlich groß ausfällt.

Mit den nach außen stehenden Weiden wird nun die **Krawattenbindung** gelegt. Dazu greifen Sie nach der links liegenden Weide und führen sie nach links oben über den Zuschlag nach rechts um den Henkel und von dort wieder nach links unten und unter der Kimme nach innen (siehe Foto Seite rechts).

Die zweite Weide nimmt denselben Weg und liegt damit direkt rechts neben und am Henkelstock *über* der ersten Weide. Die Krawatte wird mit jeder Weide größer und deutlicher, dies ergibt ein **hübsches Muster** auf jeder Seite des Korbes. Verziehen Sie die jetzt noch nach innen stehenden Weidenspitzen nacheinander unter dem innen liegenden langen Schlag (siehe Foto rechts).

Schneiden Sie die Enden dann mit schräg gehaltener Schere so ab, dass die Schnittflächen gerade noch zu sehen sind. Genauso verfahren Sie auf der anderen Seite des Korbes.

Allein durch die Flechttechnik und die Eigenschaften des Materials ist auf diese Weise eine Verbindung von Korb und Henkel entstanden, die jeglicher anderer Verbindungselemente wie Nagel, Schraube oder Leim entbehrt!

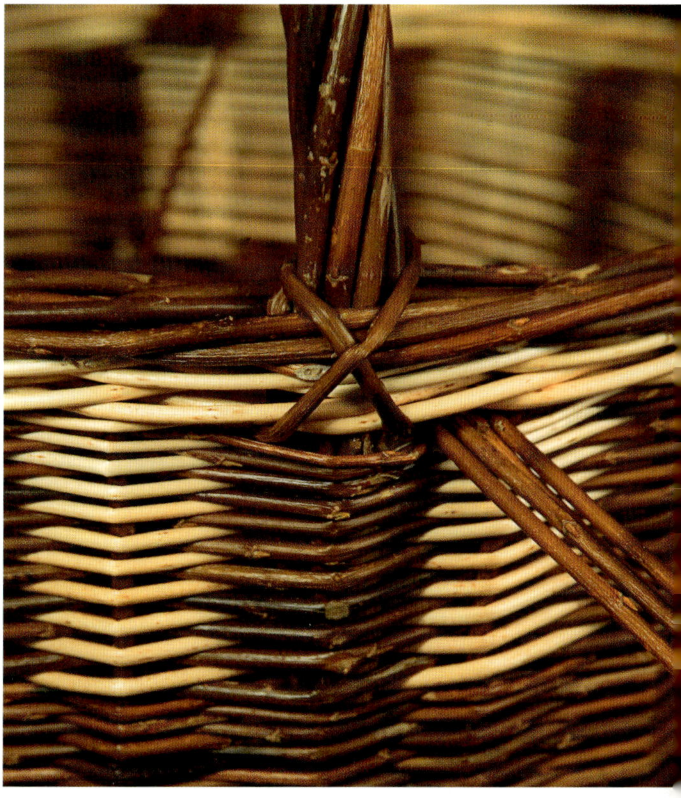

Die dekorative Krawattenbindung entsteht.

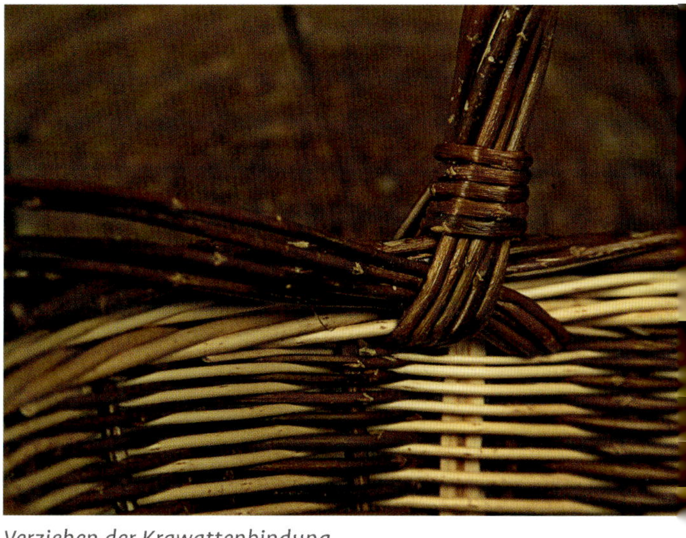

Verziehen der Krawattenbindung.

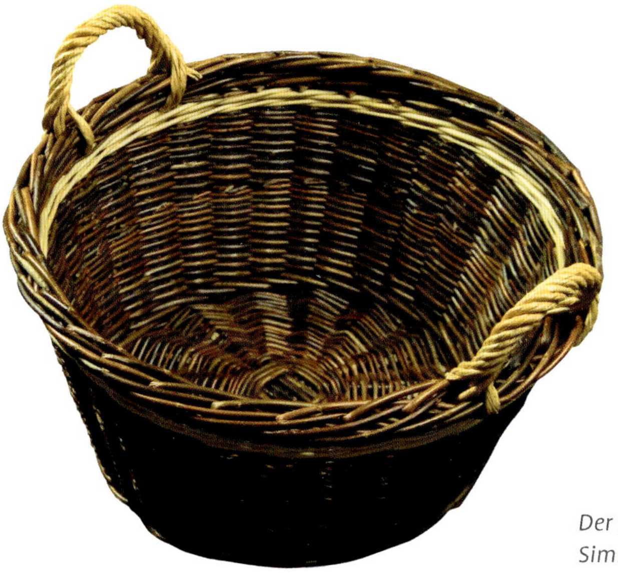

Der traditionelle Simri-Gartenkorb.

Runder Gartenkorb

Dieser zweifarbige Korb aus geschälten und ungeschälten Weiden ist nicht nur sehr praktisch, beispielsweise für die Gartenarbeit, sondern auch schön. Egal wofür Sie ihn einsetzen – Sie werden sicher lange Freude an diesem Klassiker unter den Korbwaren haben.

Außenmaße: Bodendurchmesser: 30 cm, Korbhöhe: 21 cm, Durchmesser oben außen: 42 cm.

Der runde Boden: Der Gartenkorb soll einen runden Boden mit 30 cm Durchmesser erhalten. Damit bei diesem großen Bodendurchmesser später die Stakenabstände passend werden, stecken Sie das Bodenkreuz aus acht Bodenstöcken zusammen, Sie erhalten einen **Achter-Boden**.

Sie verfahren dabei wie beim Siebener-Boden des runden Henkelkorbes (siehe Seite 45), schlitzen jedoch vier statt nur drei Bodenstöcke und stecken insgesamt auch vier Stöcke durch. Der **Aufbruch** unterscheidet sich von dem des runden Henkelkorbes allein da-

SIMRI – EIN ALTES MASS

Das Simri-Maß ist eine alte Volumeneinheit für Getreide. In Baden-Württemberg fasst der Simri-Korb 22,153 Liter. Je nach Bundesland und Getreidesorte gibt es völlig unterschiedliche Angaben.

So fasst ein Simri-Korb im früheren Rheinbayern nur 12,5 Liter Getreide, im alten Sachsen-Coburg dagegen 90,477 Liter!

Aus Baden-Württemberg sind verschiedene Größenlisten erhalten geblieben, jedoch variieren die Maßangaben auch aufgrund der mündlichen Überlieferung und der unterschiedlichen Meßpunkte am Korb.

Oft wurde die Höhe des Korbes schon an der Kimme gemessen, in manchen Fällen dagegen die Höhe mit Zuschlagesrand.

Diese Feinheiten gehen aus alten Tabellen jedoch nicht hervor. Als Anhaltspunkt für gut proportionierte Körbe dient die Tabelle auf Seite 57 oben.

Maße für Simri-Körbe

Simri-Maß	Bodendurchmesser	Obere Weite	Höhe
½ Simri	30 (31) cm	41 (42) cm	20 (21) cm
¾ Simri	33 (34) cm	44 (45) cm	21 (22) cm
1 Simri	36 (37) cm	48 (49) cm	22 (24) cm
1 ½ Simri	40 (43) cm	52 (55) cm	25 (28) cm
2 Simri	45 cm	57 cm	32 cm

Materialliste für einen runden Gartenkorb aus ungeschälten und weißen Weiden

Anzahl	Art	Länge	Stärke
8	Bodenstöcke	40 cm	10 mm
ca. 20	Weiden zum Bodenflechten	140 cm	5,5 mm
32	Staken, ungeschält	160 cm	7 mm
32	Einschlag (Fuß und Schicht), ungeschält	160 cm	6,5 mm
32	Schichtweiden, ungeschält	140 cm	6 mm
8	Kimmweiden, weiß	160 cm	6,5 mm
8	Kimmweiden, ungeschält	160 cm	6,5 mm
2	Griffeinlagen	ca. 60 cm	8 mm
4	Griffweiden, weiß	160 cm	6,5 mm

durch, dass bei acht Bodenstöcken in der vierten Runde **acht Bodenstockpaare** entstehen, die in der sechsten Runde wiederum in einzelne Stöcke aufgeteilt werden. Der Boden wird, wie auf Seite 47 beschrieben, mit der Geflechtstechnik **Fitze** geflochten.

Schalmen Sie die 32 Staken an und stecken Sie diese links und rechts der Bodenstockenden ein. Dann knicken Sie die Staken ab und nehmen sie hoch. Die Staken werden mit einer Schnur oberhalb des Korbmittelpunktes in einer Höhe von etwa 70 cm zusammengebunden.

Der Korbrumpf: Zunächst wird der Korbfuß geflochten. Ebenso wie beim Henkelkorb wählen wir als Fußart den **Einschlag** (siehe Seite 49), allerdings hier mit einer Variante des Flechtschlages. Nach dem Einstecken der Schichtweiden und dem Flechtschlag *vor drei Staken / hinter zwei Staken / nach vorne* (siehe Foto Seite 58).

Flechten Sie die erste Runde im normalen **Schichtschlag** *vor eine Stake / hinter eine Stake*. Spätestens jetzt wird der Korb mit dem Pfriemen auf dem Arbeitsbrett befestigt.

Damit das traditionelle Maß eines ½ Simri-Korbes erreicht wird, sollten

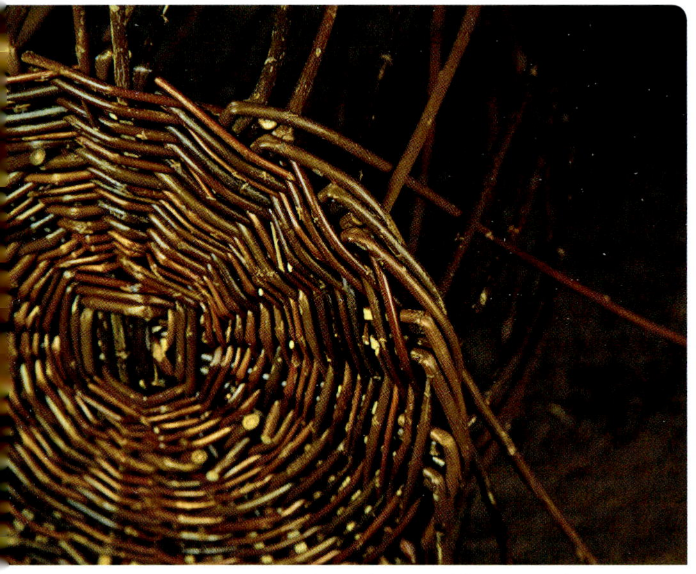

Flechten des Einschlages vor drei Staken / hinter zwei Staken.

die Staken nun leicht **konisch** nach außen stehen und der Korb in 19 cm Höhe einen inneren **Durchmesser** von 39 cm aufweisen. Der fertige Korb mit Zuschlag hat in der **Höhe** von 21 cm einen inneren Durchmesser von 40 cm. Je nach Stärke der Staken beträgt der äußere Durchmesser bis zu 44 cm.

Zum Ende der ersten Schicht wird der Korb die Höhe von 12 cm erreicht haben. Die **zweite Schicht** wird jeweils mit den Stammenden eingelegt. Legen Sie die Weiden nach links ein und flechten Sie sie dann nach rechts weiter. Auch weiterhin laufen die Staken konisch nach außen.

Nach Beendigung der zweiten Schicht flechten Sie zuerst eine **Viererkimme** (siehe Seite 51) mit weißen Weiden, dann noch eine Viererkimme mit ungeschälten Weiden. Die weiße Kimme wirkt an dieser Stelle besonders schön, da sie noch nicht direkt unter dem Rand sitzt und die ungeschälte Kimme mit dem Rand farblich eine Einheit bildet.

Beginnen Sie an der Stelle mit dem **Umlegen** der Staken für den Rand, an die Sie später den Griff setzen wollen. Eventuelle Unregelmäßigkeiten beim Verziehen des Randes können mit dem Griff etwas kaschiert werden! Den Rand arbeiten Sie als **Zuschlag mit vier Geflechtspaaren** (siehe Seite 52), wie beim runden Henkelkorb.

Der gedrehte Griff: Mit einer gedrehten Weide gelingt es, einen kleinen Bogen zu umfahren. Würde man eine glatte Weide um einen engen Radius legen wollen, bricht die Weide oder es bilden sich unschöne Knicke. Bevor Sie sich an einen gedrehten Griff am Werkstück wagen, sollten Sie sich ausführlich mit dem Drehen der Weiden beschäftigen und das Drehen üben (siehe Praxistipp Seite 59).

PRAXISTIPP

Überprüfen Sie beim Flechten der Schicht immer das Maß! Verwenden Sie dazu einen Meterstab. Mit einigen Handgriffen geben Sie Ihrem Korb die Form, die Sie sich wünschen. Beachten Sie bitte, dass dies viel Übung und Routine benötigt und haben Sie Geduld mit sich!

Sollten die **Staken zu weit nach außen** laufen, müssen Sie beim Flechten den Druck auf die Staken nach innen verstärken und den Schichtschlag vor der Stake stärker anziehen.

Laufen die **Staken zu stark nach innen**, müssen Sie diese beim Flechten nach außen ziehen und mit den Weiden, die den Schichtschlag hinter den Staken ausführen, zusätzlich nach vorn drücken.

Der gedrehte Griff besteht aus einer Einlage und zwei gedrehten Weiden. Ausgehend vom Bodenkreuz ermitteln Sie die Staken, an denen die Einlage des Griffes eingesteckt wird. Die Griffe werden in Richtung der vier gesteckten Bodenstöcke angebracht. Die vier Staken der mittleren Bodenstöcke bilden die Mitte, an den Staken links und rechts davon wird mit dem dicken Pfriemen ein Loch vorgebohrt.

Als **Einlage** für den Griff verwenden Sie eine gut geweichte 10 mm starke Weide. Mit dem Messer schalmen Sie die Einlageweide am Stammende an und stecken sie in das links vorbereitete Loch. Nun wird sie vorsichtig zum Bogen gelegt und die ungefähre Höhe festgelegt.

Kürzen Sie die Einlageweide auf das gewünschte Maß und schalmen Sie diese am Ende an. Stecken Sie die Weide links neben der rechten Stake ein. Dabei darf die Einlage keinen Knick bekommen. Die Schalme zeigen jeweils zur Innenseite des Korbes. Der Griff sollte ausreichend hoch bemessen sein, sodass Sie später bequem hineingreifen können.

Die erste Drehweide wird links neben dem Bogen eingesteckt und gedreht. Für den **ersten Gang** über den Bogen fahren Sie diese Weide von vorne unter dem Bogen durch und umschlingen ihn zweieinhalb Mal. Dann führen Sie die Weide von vorne unter dem Bogen und zwischen der Kimme nach innen (siehe Foto Seite 60 oben). Während des Umschlingens muss die Weide immer wieder zugedreht werden, damit sie sich gut an den Bogen anpasst.

Der **zweite Gang** über den Bogen beginnt, indem Sie die Weide nun von innen unter dem Bogen durch und mit schmalem Abstand zur zuerst gelegten Windung wieder bis zur linken Seite führen.

PRAXISTIPP

So bekommen Sie den Dreh raus! Zur Übung liegen einige eingeweichte Weiden der Länge 160 cm bereit. Befeuchten Sie vor dem Arbeiten Ihre Hände.

Das Stammende wird angeschalmt und entlang der senkrechten Staken in den Korb gesteckt. Die rechte Hand greift die Weide etwa 20 cm unter der Spitze, die linke Hand liegt etwa 30 cm darunter an der Weide. Sie dient der Führung der Weide und als Achse.

Während nun die rechte Hand die Weide wie eine Kurbel von links nach rechts dreht, wandert die linke Hand langsam nach unten. Dabei führt und hält sie die Rute jedoch nie so fest, dass die Drehung behindert wird und sich ein Knoten in der Weide bildet.

Die rechte Hand wandert ebenfalls immer weiter nach unten, bis die ganze Weide aufgedreht ist. Zum Stammende hin müssen Sie etwas mehr Energie zum Drehen aufwenden, um sich gegen die Hartnäckigkeit der Weide durchzusetzen.

Dieses Weidendrehen verlangt etliches an Übung und man sollte viel Geduld mit sich und den Weiden aufbringen. Sind Sie mit dem Ergebnis zufrieden, können Sie sich an den gedrehten Griff mit Weideneinlage wagen.

Die Weide läuft von innen durch die Kimme nach vorne (siehe Foto Seite 60 unten) und beginnt den **letzten Gang** über den Bogen indem sie den entstandenen größeren Abstand zwischen den

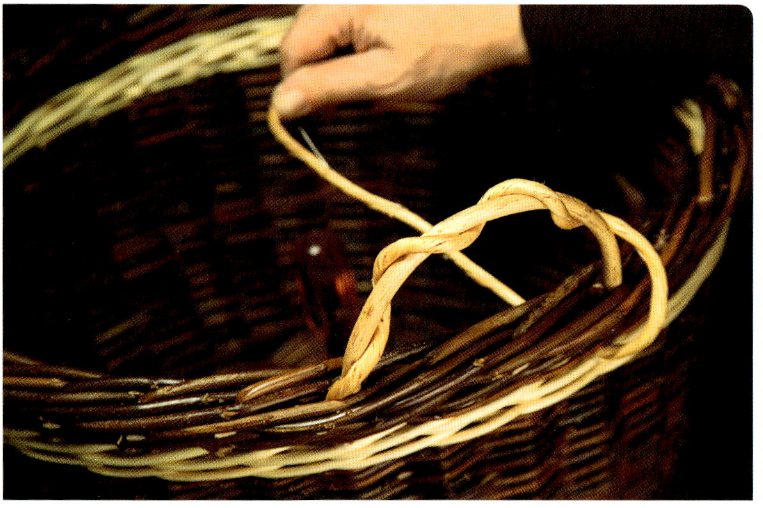

Der erste Gang der gedrehten Weide teilt den Griff ein.

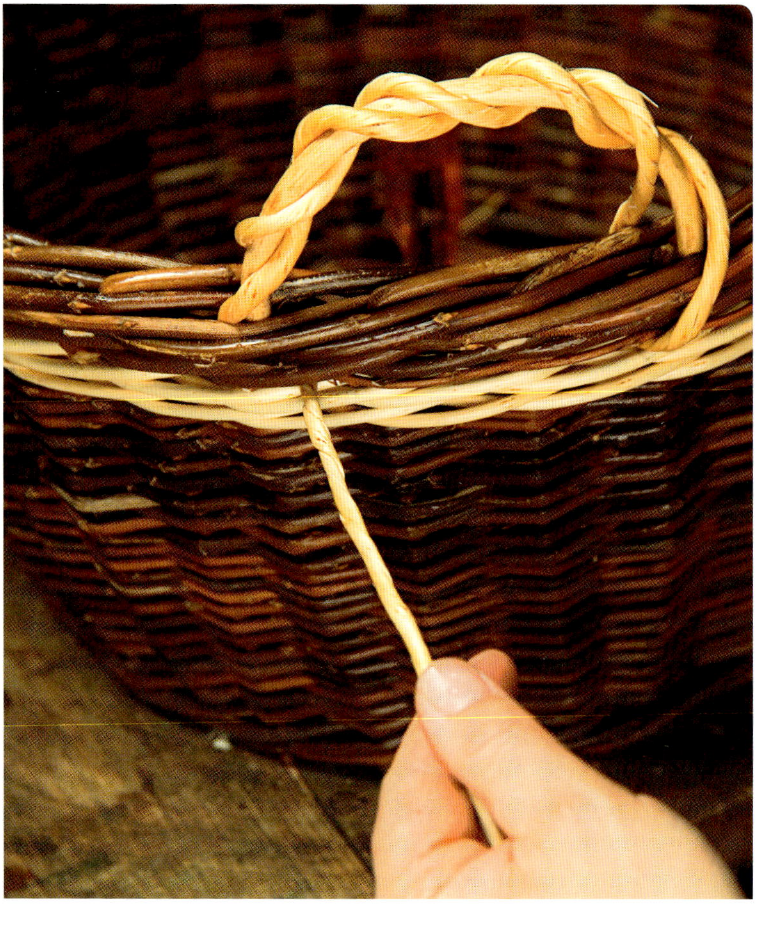

Der zweite Gang der gedrehten Weide über den Griffbogen.

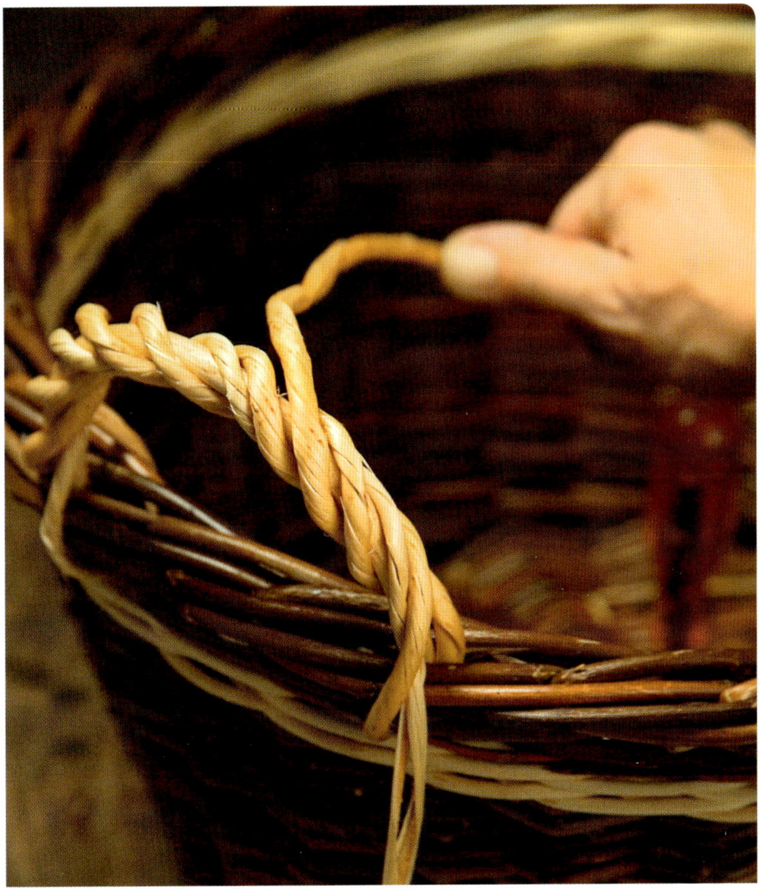

Die zweite Drehweide beginnt ihren Weg.

Windungen in der Mitte teilt. Auf der rechten Seite angekommen wird die Spitze der Weide unter dem Schlag, der durch die Kimme läuft, von links nach rechts außen durchgezogen. Schneiden Sie die Weide anschließend ab.

Die erste gedrehte Weide hat nun drei Gänge über den Bogen hinter sich. Die Windungen liegen gleichmäßig verteilt und mit Abständen zueinander um die Einlage. Stecken Sie die **zweite Drehweide** rechts des Bogens ins Geflecht, drehen diese und füllen die verbliebenen Abstände im spiegelbildlichen Verfahren aus. Beginnen Sie dabei auf der rechten Seite mit einem Schlag von hinten nach vorne unter dem Bogen durch (siehe Foto oben).

Nach wiederum drei Gängen über den Bogen verziehen Sie die Weidenspitze auf der linken inneren Seite des Korbes, unter den durch die Kimme verlaufenden Schlägen. Schneiden Sie die Weide dann ab und fertigen Sie auf die gleiche Weise den zweiten Griff an.

Nun sieht der Gartenkorb seinem ersten Arbeitsauftrag in Ihrem Garten entgegen!

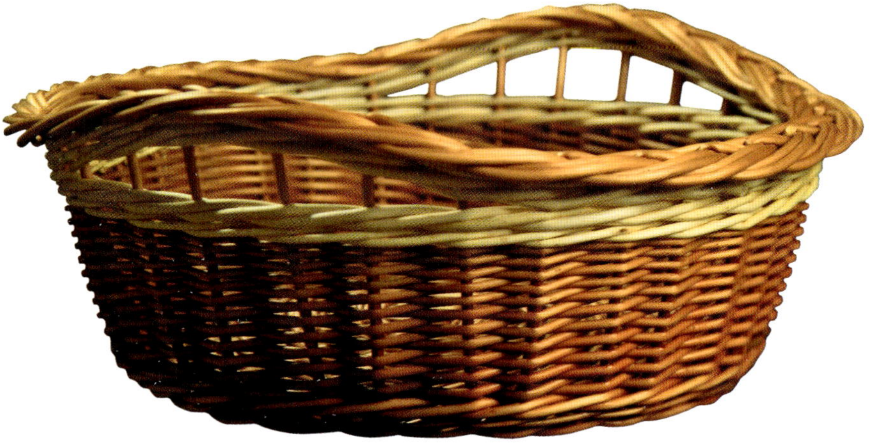

Dekorativer Obstkorb aus braunen und weißen Weiden.

Runder Obstkorb

Dieser schöne runde Obstkorb aus braunen und weißen Weiden eignet sich zur dekorativen Aufbewahrung von Obst, aber auch vieler anderer Dinge wie Strickutensilien oder Spielzeug.

Außenmaße: Bodendurchmesser: 26 cm, Korbhöhe: 12 cm, Korbhöhe an Grifflöchern: 15 cm, Durchmesser oben außen: 39 cm.

Der Boden: Der Boden des Obstkorbes soll ein schönes und gleichmäßiges Aussehen erhalten. Für das Ausflechten des Bodens bietet sich hierzu folgende Variante an:

Den Beginn in der Mitte des Bodens bis zur Aufteilung in einzelne Bodenstöcke arbeiten Sie genauso wie beim runden Gartenkorb (siehe Seite 56). Bei dem Boden mit anfangs acht Bodenstöcken haben sich nach dem Aufbruch

Materialliste für einen runden Obstkorb aus braunen und weißen Weiden

Anzahl	Art	Länge	Stärke
8	Bodenstöcke, weiß	30 cm	8 mm
6	Weiden für Bodenaufbruch	100 cm	3,5 mm
16	Weiden zum Bodenflechten, Schicht, braun	120 cm	4 mm
32	Staken, braun	140 cm	5 mm
6	Fußkimmweiden, braun	120 cm	4 mm
6	Kimmweiden, braun	120 mm	4,5 mm
32	Schichtweiden, braun	120 cm	4 mm
12	Kimmweiden, weiß	140 cm	5 mm

nun 16 Abstände zwischen den einzelnen Bodenstöcken gebildet. Das gewünschte gleichmäßige Aussehen des Bodens erhalten Sie durch das Flechten einer **Schicht** mit 16 Schichtweiden der Länge 120 cm.

Halten Sie das Werkstück so, dass Sie auf die Oberseite des Bodens blicken. Legen Sie die erste Weide mit dem Stammende in einen beliebigen Abstand ein und legen Sie die Weide dann vor dem nächsten Bodenstock nach hinten.

Die zweite Weide legen Sie im Abstand links neben der zuerst eingelegten Weide ein (siehe Foto Seite 64). Legen Sie die Weide vor dem nächsten Bodenstock nach hinten und hinter dem übernächsten Bodenstock nach vorne.

Verfahren Sie so auch mit den weiteren Schichtweiden, bis alle 16 eingelegt sind. Achten Sie bei der letzten Schichtweide darauf, dass diese nicht *auf* sondern *unter* der ersten Schichtweide eingelegt wird.

Liegt jede Weide richtig an ihrem Platz, wird die **Schicht** in der Schlagzahl *vor einen Bodenstock / hinter einen Bodenstock* geflochten bis die Weiden ganz verflochten sind und das gewünschte Maß erreicht ist.

Beim Flechten der Schicht ergeben sich zu Beginn der Runde **Geflechtspaare**, die am Ende der Runde wieder aufgelöst werden.

Der Abschluss des Bodens wird von einer **Fitze** gebildet. Flechten Sie dafür beginnend mit der Rutenspitze zum Stammende hin *vor eine Stake / hinter eine Stake*. Dann setzen Sie die zwei nächsten Weiden mit dem Stammende an und flechten diese ganz aus.

Die Spitzen werden im Geflecht verzogen. Der Boden hat nun einen Durchmesser von 26 cm erreicht. Putzen Sie den Korbboden aus und schneiden Sie die überstehenden Bodenstockenden ab.

Stecken Sie dann die 32 angeschalmten Staken links und rechts der Bodenstöcke ein, aber nehmen Sie diese noch *nicht* hoch, sondern lassen Sie die Staken wie lange **Strahlen** aus dem Boden herausstehen.

Die geschlossene Fußkimme: Der Fuß dieses Korbes wird mit separaten Weiden geflochten und ist in sich abgeschlossen. Sie benötigen insgesamt acht Weiden für das Flechten des Fußes. Legen Sie den Boden mit der Unterseite nach oben auf Ihren Schoß oder auf Ihr Werkbrett. Die Fußkimme soll eine in sich geschlossene, möglichst überall gleichstarke **Wulst** ergeben, auf welcher der Korb später fest steht. Verwenden Sie deshalb von den acht Weiden jeweils nur den stärkeren Teil. Von den ersten vier Weiden schneiden Sie so viel von der Spitze her ab, dass der verbleibende Teil gut für die Hälfte es Umfangs ausreicht. Die dünnen Enden dieses verbleibenden Teils werden jeweils links neben vier Staken in den Boden eingesteckt.

Jede der vier Flechtweiden wird hinter der zugehörigen Stake nach vorne gelegt. Liegen alle vorn, wird die Kimme *vor drei Staken / hinter eine Stake / nach vorne* geflochten (siehe Foto Seite 64).

Ziehen Sie beim Flechten die Staken jeweils leicht nach links oder rechts, sodass sich der **Stakenabstand** ausgleicht. Nach dem Umflechten der ersten Hälfte des Bodenumfangs enden die Kimmweiden mit dem Stammende. Die nächsten vier Weiden setzen Sie mit dem Stammende an und verflechten diese ebenso, bis eine Weide die erste eingesteckte Kimmweide erreicht hat und direkt neben ihr zu liegen kommt. Nun beginnt das **Verziehen** der letzten

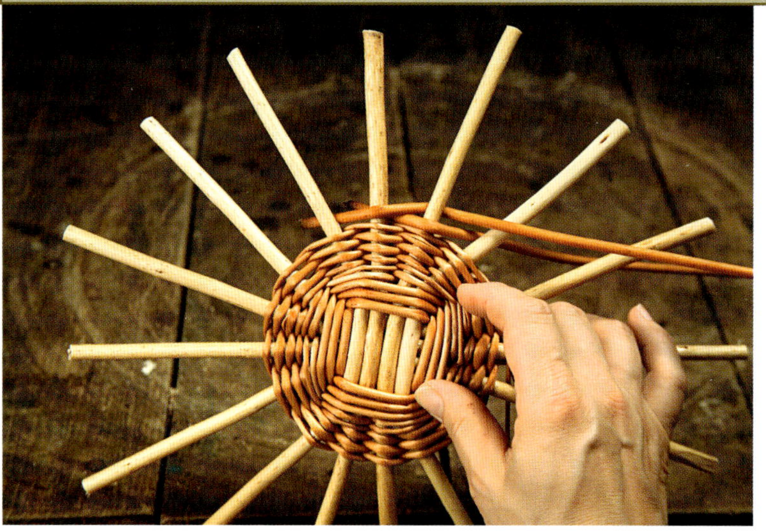

Das Einlegen der Schichtweiden am Boden des Obstkorbes.

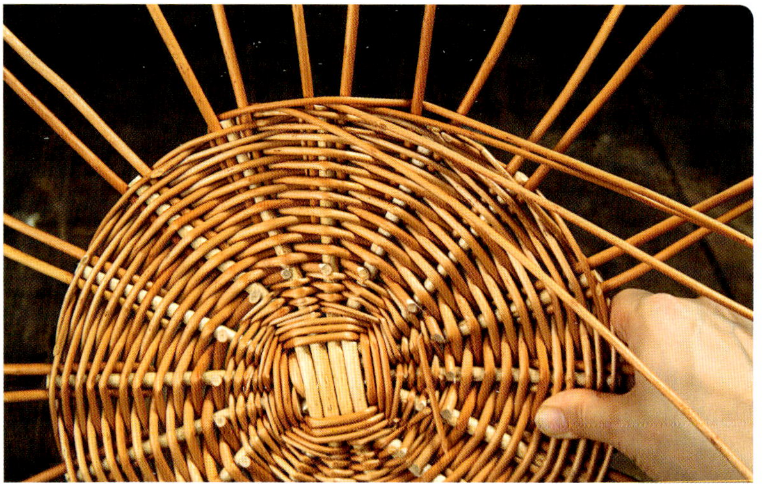

Blick auf den Beginn der Fußkimme.

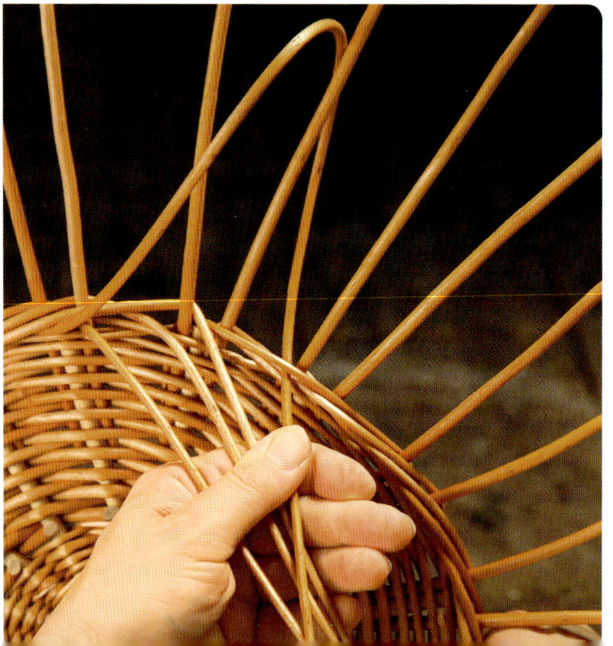

So schließen Sie die Fußkimme.

drei Weiden. Die nächste Weide läuft wieder *vor drei Staken / hinter eine Stake* und nun neben der zweiten am Anfang eingesteckten Weide und unter der davorliegenden Weide nach vorne (siehe Foto Seite 64).

Wiederum die nächste, also ganz links liegende Weide, läuft im gleichen Schema *vor drei Staken / hinter eine Stake*. Diese Weide verläuft dabei neben der dritten am Anfang eingesteckten Weide und unter den zwei davor liegenden Weiden nach vorne.

Verziehen Sie die letzte Weide auf die gleiche Weise. Diese Weide liegt zum Schluss unter drei davor liegenden Weiden. Das Foto auf Seite 68 unten verdeutlicht das Verziehen der Weiden. Nun ist die Fußkimme geschlossen. Schneiden Sie sowohl die noch herausragenden Stammenden wie auch die Spitzen sauber ab.

Der Korbrumpf: Knicken Sie die Staken ab, nehmen Sie sie hoch und klopfen sie dann ein. Binden Sie die Staken über der Mitte mit einer Schnur zusammen und befestigen Sie den Korb auf Ihrem Arbeitsbrett.

Als nächstes folgt eine einfache **Dreierkimme**. Die Dreierkimme hat die Aufgabe, die Staken gleichmäßig zu verteilen und sie in die gewünschte Form zu bringen.

Zu Beginn legen Sie drei Weiden, deren Spitzen dabei nach vorne zeigen, jeweils hinter eine Stake ein. Mit der links liegenden Weide flechten Sie *vor zwei Staken / hinter eine Stake / nach vorne*. Nun liegt diese Weide also ganz rechts. Mit den nächsten Weiden verfahren Sie genauso, bis die drei Weiden bis zum Stammende verflochten sind.

Das **Ansetzen** mit den Stammenden kennen Sie bereits von der Viererkimme (siehe Seite 51). Nach der Kimme legen Sie nun mit den 32 Schichtweiden die **Schicht** ein (siehe Seite 50). Der Korb soll in der Höhe von 9 cm einen Durchmesser von 33 cm erreichen. Prüfen Sie während des Flechtens immer wieder das Maß nach und klopfen Sie die Schicht mit dem Schlageisen regelmäßig fest. Sind die Weiden ganz eingeflochten, schneiden Sie die noch herausragenden Spitzen mit dem Messer oder der Schere ab.

Die Grifflöcher: Unser Obstkorb soll zwei eingearbeitete Grifflöcher erhalten. Dies geschieht mit Hilfe zweier **Dreierkimmen**.

Die Grifflöcher liegen einander gegenüber und sind am Bodenkreuz ausgerichtet. Flechten Sie zuerst eine einfache Dreierkimme mit insgesamt sechs weißen Weiden der Länge 140 cm. Klopfen Sie während des Flechtens die Kimme fest und eben. Die zweite Dreierkimme beginnen Sie vom Bodenkreuz her gesehen an der Stelle der aufgeschlitzten Bodenstöcke. Lassen Sie die Kimme zum nächsten Viertel gleichmäßig auf insgesamt 13 cm ansteigen, dabei werden sechs Staken sichtbar.

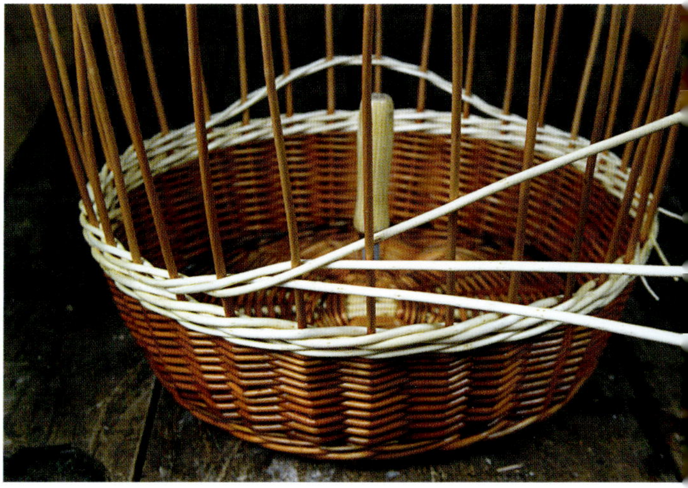

Das Flechten der Grifflöcher.

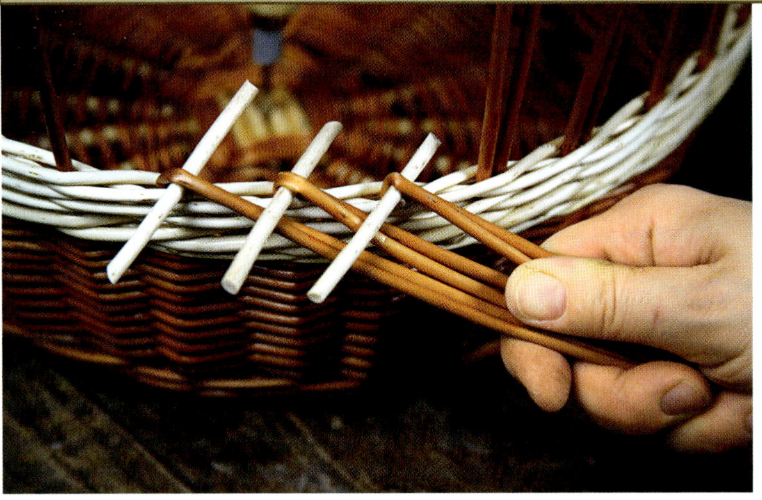

So beginnen Sie den fünfpaarigen Zopfrand.

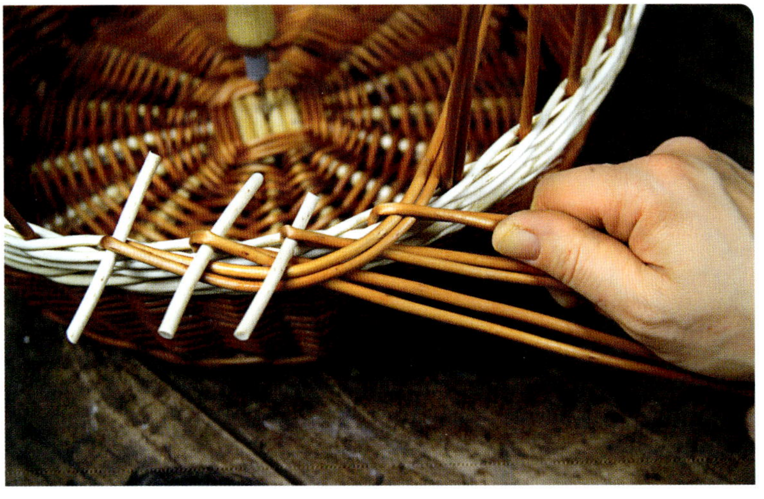

Der Weg des ersten Paares.

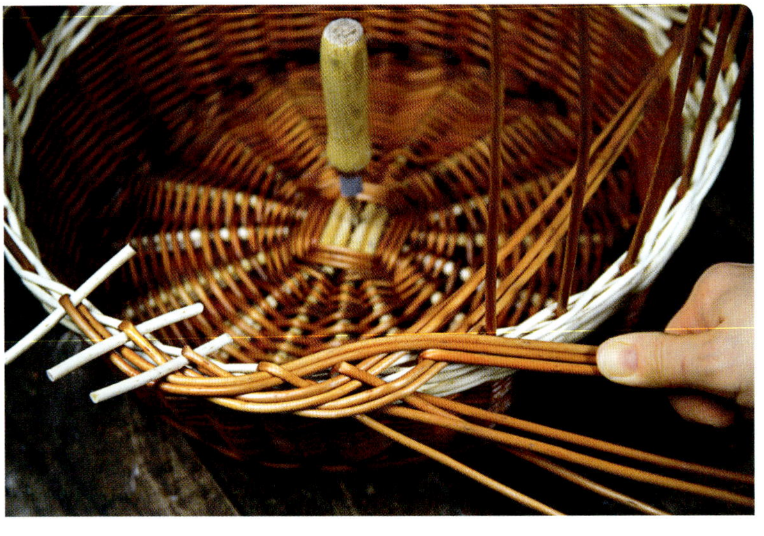

Der erste „Drilling“ zeigt nach vorne.

Der höchste Punkt des Griffloches befindet sich zwischen Stake drei und vier (siehe Foto Seite 65). Danach fällt der **Bogen** wieder ab und die Kimme liegt wieder auf der ersten Kimmrunde auf. Genau gegenüber steigt die Kimme wieder an und kommt mit den Stammenden auf den Weidenspitzen des Anfangs zu liegen.

Setzen Sie die nächsten und letzten drei Kimmweiden mit dem Stammende an und flechten diese entsprechend dem Schwung der Grifflöcher nochmals um den ganzen Korb herum.

Der Korbrand: Für diesen Korb haben wir als Rand den sehr **dekorativen fünfpaarigen Zopf** ausgesucht. Sie benötigen einige Übung und Geduld für diese Flechttechnik. Lassen Sie sich jedoch nicht entmutigen, die Mühe lohnt sich! Am besten lesen Sie die Anleitung mehrmals aufmerksam durch, bevor Sie mit dem Flechten beginnen.

Sie benötigen für diesen Rand zusätzlich fünf Weiden als **Beistecker** sowie drei kürzere Weidenstöckchen als **Platzhalter**. Zu Beginn stecken Sie die fünf Beistecker jeweils links neben fünf nebeneinander stehenden Staken ein. Die erste Stake biegen Sie nach vorne um und legen ein kurzes Weidenstöckchen darauf. Biegen Sie dann den Beistecker über das Weidenstöckchen. Genauso verfahren Sie bei der zweiten und dritten Stake (siehe Foto Seite 66 oben).

Nun biegen Sie auch die vierte Stake nach vorne, der zugehörige Beistecker bleibt noch stehen.

Nun nehmen Sie das erste, linke Paar und führen es vorne über die nächsten zwei Paare und die heruntergebogene vierte Stake nach innen. Dann biegen Sie den vierten Beistecker über dieses Paar (siehe Foto Seite 66 Mitte).

Nun biegen Sie die fünfte Stake nach vorne, der zugehörige Beistecker bleibt noch stehen. Nun nehmen Sie das zweite, jetzt ganz links liegende Paar und führen es vorne über die nächsten zwei Paare und die heruntergebogene fünfte Stake nach innen. Dann biegen Sie den fünften Beistecker darüber. Es zeigen jetzt also zwei Paare ins Innere des Korbes.

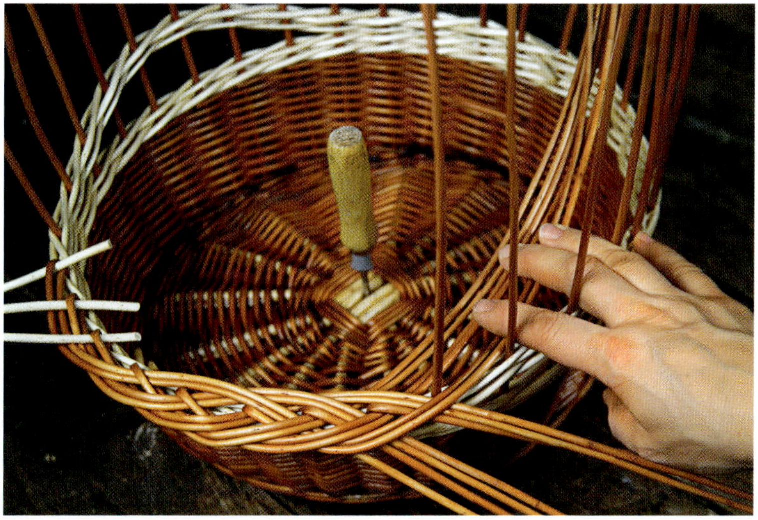

Der komplizierte Anfang ist geschafft!

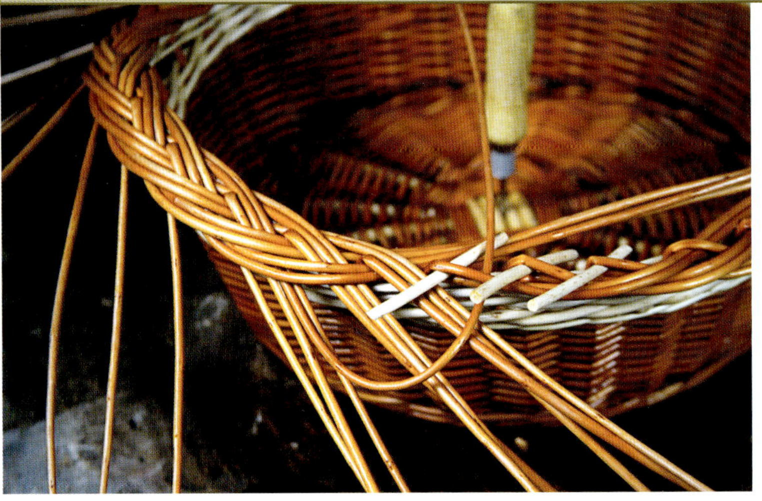

So beginnt das Verziehen des Zopfrandes.

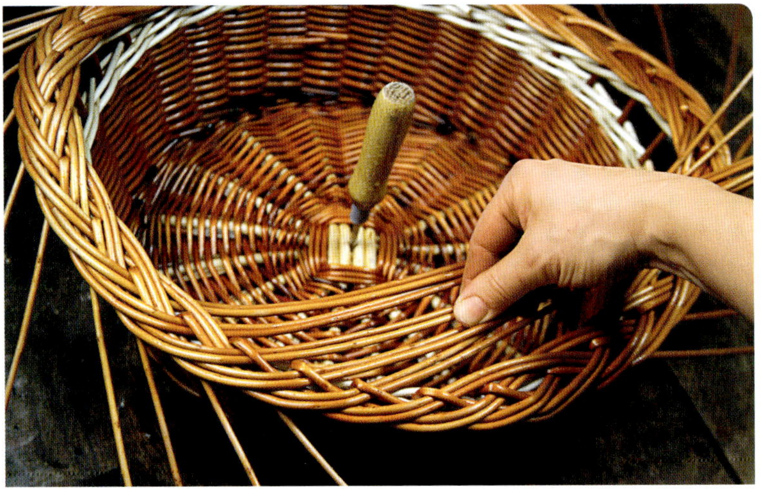

Alle fünf Paare zeigen nun nach innen.

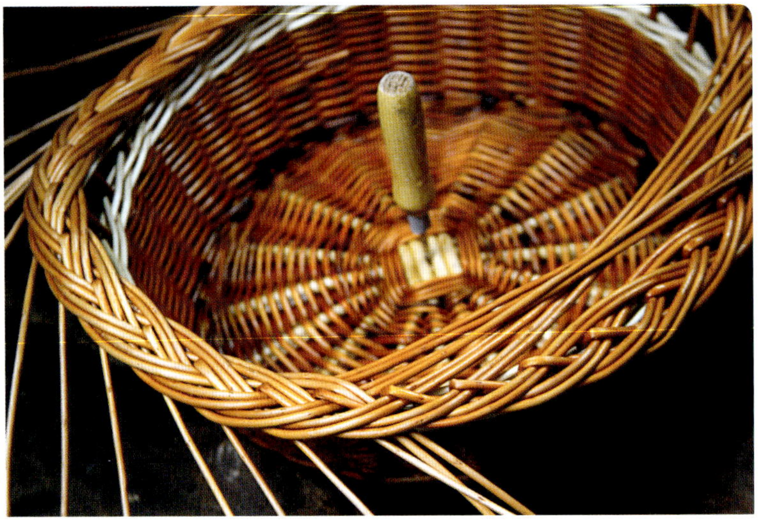

Alle innen liegenden Paare müssen noch nach außen gezogen werden.

PRAXISTIPP

Achten Sie beim Flechten darauf, dass die Weiden keine Knicke bekommen und der Zopf ebenmäßig und gerade aufliegt. Zuviel Zug an den Weiden bewirkt, dass der Zopf nach vorne kippt.

Das dritte, ganz links liegende Paar läuft entsprechend über die nächsten zwei Paare und rechts neben der sechsten Stake nach innen. Gezählt wird also *vor drei Staken / nach innen*! Nun biegen Sie die sechste Stake über das gerade nach innen geführte Paar nach vorne und legen das innen links liegende Paar *hinter zwei Staken / nach vorne* dazu (siehe Foto Seite 66 unten).

Wichtig! Achten Sie darauf, dass die Weiden glatt und eben nebeneinander liegen und sich nicht kreuzen. Zum ersten Mal liegen nun drei Weiden nebeneinander und zeigen dabei nach vorne. Mit dem vierten und fünften Paar verfahren Sie genauso. Nun liegen also zwei Paare nach innen und drei **Drillinge** nach außen. Nun haben Sie den komplizierten Anfang geschafft!

Ab jetzt arbeiten Sie rundherum gleichmäßig wie folgt weiter: Sie nehmen vom links liegenden Drilling die linken zwei Weiden, führen sie *vor drei Staken / nach innen* (siehe Foto Seite 67), legen die dazugehörige Stake darüber und das innen links liegende Paar dazu.

Wenn Sie die Runde geflochten haben und wieder beim Anfang angekommen sind, verziehen Sie den **Zopfzuschlag** (siehe Fotos Seite 68): Vom links liegenden Drilling nehmen Sie die linken zwei Weiden. Diese ziehen Sie an der Stelle des ersten Platzhalters nach innen.

Ebenso verfahren Sie mit den nächsten und übernächsten zwei Weiden der noch nach vorn zeigenden Drillinge. Jetzt stehen insgesamt fünf Paare nach innen. Beginnen Sie mit dem linken Paar und verziehen ein Paar nach dem anderen hinter zwei Staken in den sichtbaren Lücken, entsprechend dem Zopfmuster, nach vorne.

Nun lösen Sie den Korb vom Arbeitsbrett und drehen ihn zum Abschneiden der überstehenden Weiden um, damit Sie die Schere gut ansetzen und die Weiden ohne Überstand schräg abschneiden können.

Zum guten Schluss putzen Sie den Korb innen sauber aus.

Wichtig! Achten Sie darauf, die Enden der eingelegten Schichtweiden nicht zu kurz abzuschneiden, damit die Weiden nicht auf die Vorderseite hinausrutschen.

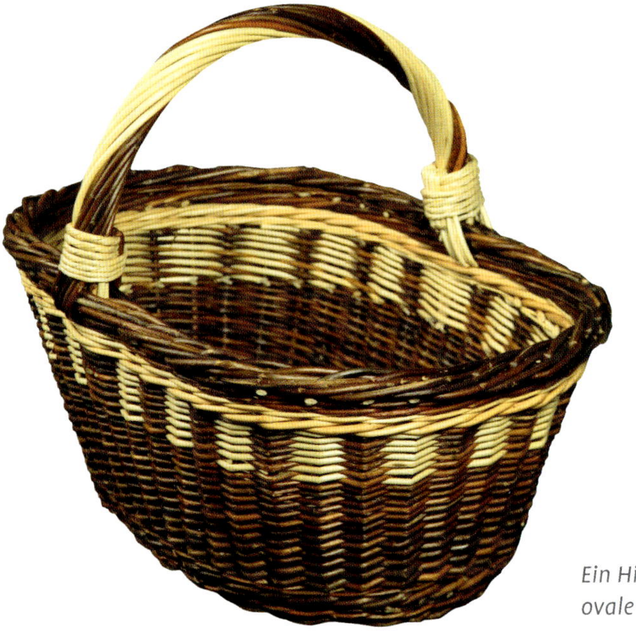

Ein Hingucker – der ovale Henkelkorb.

Ovaler Henkelkorb

Der ovale Henkelkorb ist ein universell einsetzbarer Gebrauchskorb und sehr beliebt als Einkaufskorb. Vor allem in ländlichen Gegenden ist er aus dem Alltag nicht wegzudenken.

Außenmaße: Boden: 35 cm × 23 cm, Korbhöhe: 23 cm, Korbhöhe mit Henkel: 39 cm, obere Länge: 50 cm, obere Breite: 35 cm.

Der ovale Boden: Es gibt viele verschiedene Arten einen ovalen Boden herzustellen. Für diesen ovalen Henkelkorb werden wir einen **geschichteten** und **gefitzten** Boden aus ungeschälten Weiden herstellen, dessen **Bodenkreuz** mit **Weidenschienen** gewickelt ist.

Hinweis: Die Beschreibung für das grundsätzliche Vorgehen beim Stecken eines ovalen Bodenkreuzes sowie die Anleitung für die Wicklung mit Weidenschienen entnehmen Sie bitte der Anleitung für den ovalen Waschkorb auf Seite 79.

Für die Herstellung dieses Bodenkreuzes sind einiges an Übung, der Einsatz aller Finger und eine gute Portion Geduld von Nöten, aber Sie werden mit einem sehr schönen Flechtwerk belohnt.

Sie benötigen für das Bodenkreuz vier lange Bodenstöcke als **Längslagen** und sieben kurze Bodenstöcke als **Querlagen**. Davon bilden vier Stöcke jeweils links und rechts außen ein Doppelquerlagenpaar. Die übrigen drei Stöcke liegen in regelmäßigen Abständen in der Mitte.

Der Abstand der beiden äußeren Querlagen zueinander ist 16 cm. Die **Berechnungsformel** für die Länge der **Wicklung** (siehe Seite 79) lässt sich auf viele gewünschte ovale Bodengrößen anwenden.

Für diesen Korb möchten Sie einen ovalen Boden mit der Länge 35 cm und der Breite 23 cm herstellen. Die Breite der Längslagen ermitteln Sie, indem Sie die vier langen Bodenstöcke nebenein-

Materialliste für einen ovalen Henkelkorb aus ungeschälten und weißen Weiden

Anzahl	Art	Länge	Stärke
4	Bodenstöcke	45 cm	10 mm
7	Bodenstöcke	30 cm	10 mm
6	Weidenschienen		5,5 mm
8	Weiden für Bodenaufbruch, ungeschält	140 cm	5 mm
ca. 10	Weiden zum Bodenflechten, ungeschält	140 cm	5 mm
8	Kimmweiden für Fußkimme, ungeschält	140 cm	5,5 mm
6	Kimmweiden, ungeschält	140 cm	5,5 mm
44	Staken, ungeschält	160 cm	6,5 mm
44	Schichtweiden, ungeschält	140 cm	5,5 mm
21	Schichtweiden, weiß	100 cm	4,5 mm
21	Schichtweiden, ungeschält	100 cm	4,5 mm
8	Kimmweiden, weiß	160 cm	6 mm
8	Kimmweiden, ungeschält	160 cm	6 mm
2	Henkeleinlagen	80 cm	10 mm
7	Henkelweiden, weiß	140 cm	5,5 mm
7	Henkelweiden, ungeschält	140 cm	5,5 mm

ander legen und deren Breite messen. Angenommen, die vier langen Bodenstöcke haben zusammen eine Breite von 4 cm, lautet die Rechnung:

35 cm – 23 cm + 4 cm = 16 cm.
Also wickeln Sie die Bodenstöcke auf einer Länge von 16 cm ein.

Zum **Ausflechten** des Bodens benötigen Sie zunächst nur acht Weiden der Länge 160 cm. Legen Sie sich das Bodenkreuz auf die Oberschenkel. Beginnen Sie an der von Ihnen entfernten Längsseite. In der folgenden Beschreibung haben wir die Stöcke von rechts nach links nummeriert, da die Weiden auch in dieser Richtung eingelegt werden.

Legen Sie eine Schicht mit **Kimmschlag** wie folgt ein: Alle Weiden werden wie bei einer Schicht mit dem Stammende eingelegt. Die erste Weide wird in den Abstand zwischen Stock 1 und Stock 2 eingelegt, die zweite Weide zwischen Stock 2 und 3. Insgesamt werden also nacheinander drei Weiden eingelegt.

Die zweite Weide wird sofort *vor zwei Stöcke / nach hinten* gelegt, die dritte Weide läuft *vor zwei Stöcke / hinter einen Stock / nach vorne.* Für die vierte Weide steht kein Abstand mehr zur Verfügung, deshalb wird sie lang angeschalmt und auf der Unterseite des Bodens links in Längsrichtung eingesteckt. Dann wird sie um das Doppelstockpaar nach oben

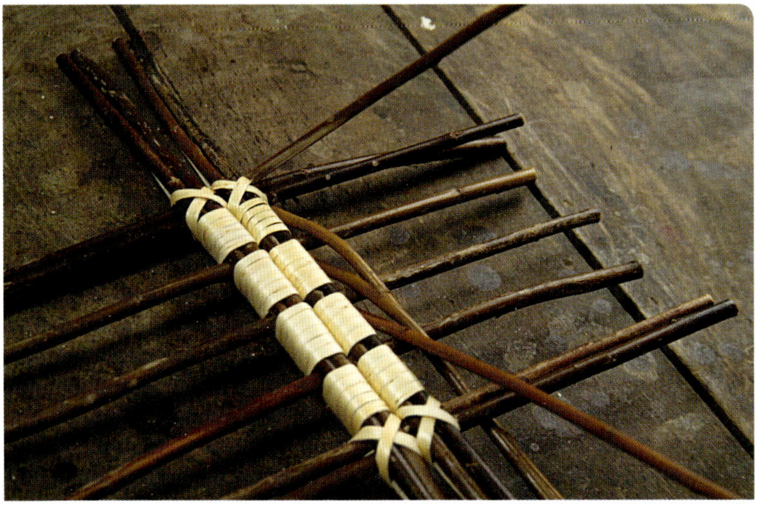

Ovaler Boden: Das Einlegen der ersten drei Weiden.

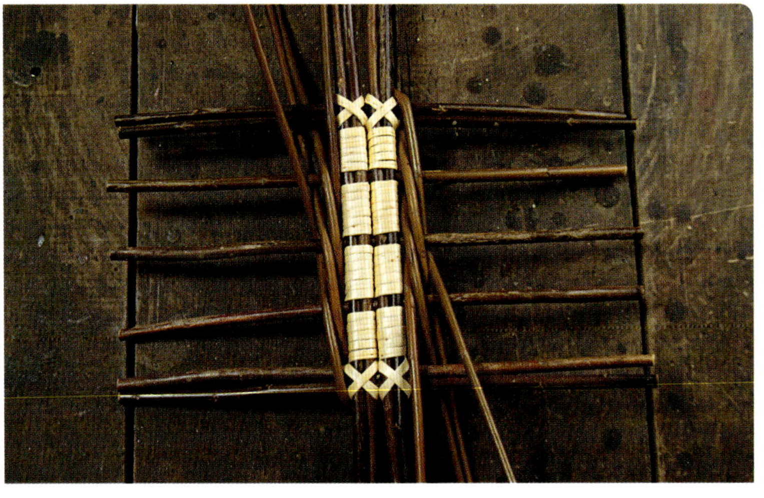

Das ovale Bodenkreuz mit acht eingelegten Weiden.

gebogen (siehe Foto oben) und auch *vor zwei Stöcke / hinter einen Stock / nach vorn* geflochten. Nun haben Sie die ersten vier Weiden eingelegt, wobei Sie besonders auf die erste Weide achten müssen, da diese noch keinen Halt im Geflecht hat.

Drehen Sie dann vorsichtig den Boden so, dass die noch leere Längsseite von Ihnen weg zeigt. An dieser zweiten Seite legen Sie ebenso wie an der ersten Seite vier Weiden ein. Nun sind insgesamt zweimal vier Weiden eingelegt, deren Spitzen in Flechtrichtung zeigen (siehe Foto unten).

Diese zwei Gruppen laufen während des Flechtens immer hintereinander her, um den ovalen Boden. Flechten Sie mit jeder Gruppe gleich und überholen Sie die jeweils andere Gruppe nicht.

Nun wird mit den acht eingelegten Weiden der **Bodenaufbruch** geflochten. Gehen Sie dabei bitte unter Beachtung der Weidenanzahl nach der Anleitung für den ovalen Wäschekorb von Seite 79 vor (siehe Foto Seite 73). Wenn der Bodenaufbruch erfolgt ist, wird die gewünschte Bodengröße von 35 cm × 23 cm mit dem Flechten von **Fitzen** erreicht.

Setzen Sie die erste Fitzweide mit der Spitze nach hinten unten ein und beginnen mit dem Schlag *vor einen Bodenstock / nach hinten*. Die zweite Fitzweide wird in den Abstand rechts neben dem zuerst benutzten Abstand eingelegt und ebenfalls *vor einem Bodenstock / nach hinten* gelegt.

Nun befinden sich beide Flechtweiden hinten. Mit der linken Weide beginnend, flechten Sie nun abwechselnd *vor einen Bodenstock / hinter einen Bodenstock* bis die Weiden aufgebraucht sind und Sie die nächsten zwei Weiden mit dem Stammende ansetzen. Beginnen Sie immer Stammende auf Stammende und Spitze auf Spitze. Wenn Sie den Boden fast bis zur gewünschten Größe geflochten haben, schließen Sie den Boden mit der **Abschlussrunde** (siehe Seite 47) und verziehen die Spitzen im Geflecht.

Die überstehenden Enden der Bodenstöcke werden mit der Schere sauber abgeschnitten.

Nun werden 44 **Staken** angeschalmt, eingesteckt und einen Zentimeter vom Bodenrand entfernt abgeknickt, hochgenommen und zusammengebunden.

Der Kimmfuß: Beim ovalen Henkelkorb wird der Fuß traditioneller Weise mit einem **Einschlag** gebildet. Dies haben wir schon beim runden Henkelkorb (siehe Seite 49) und beim Gartenkorb (siehe Seite 57) beschrieben. Um Ihnen noch eine weitere Fußbildung vorzustellen, zeigen wir an diesem Korbmodell den **Kimmfuß**. Dieser Fuß wird wie die geschlossene Fußkimme ebenfalls

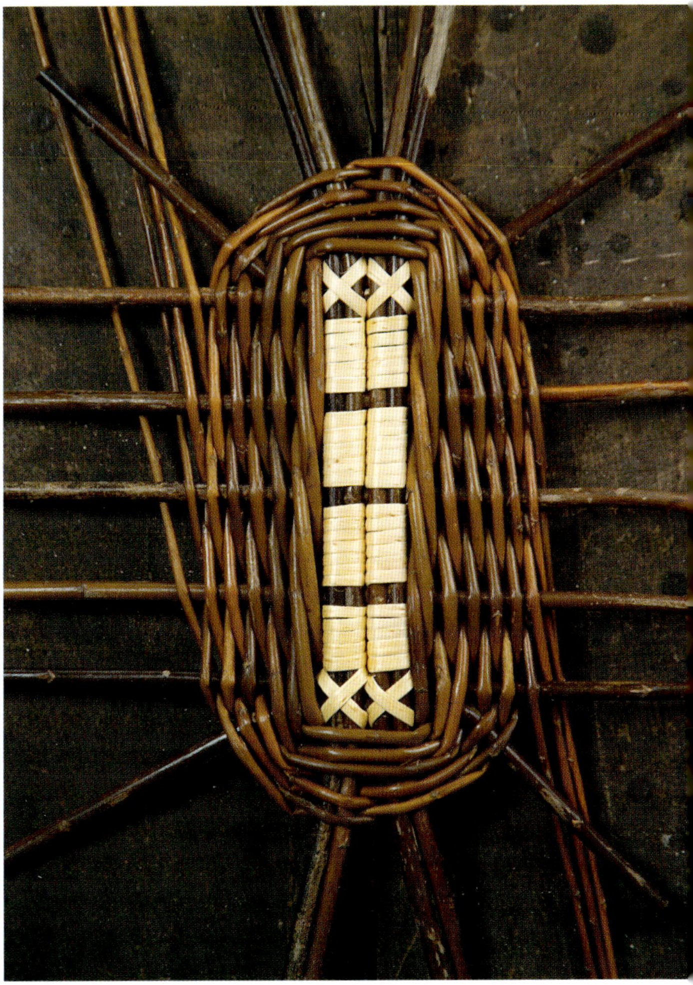

Nun ist der Bodenaufbruch fast geschafft.

mit **separaten Weiden** geflochten, ist jedoch nicht in sich abgeschlossen. Ebenso entfällt das Verziehen.

Sie benötigten acht Weiden. Legen Sie sich zum Flechten den angefangenen Korb auf den Schoß. Die ersten vier Weiden werden am Stammende angeschalmt und links neben vier Staken eingesteckt.

Dann biegen Sie diese Weiden direkt nach vorne, ohne sie dabei hinter die

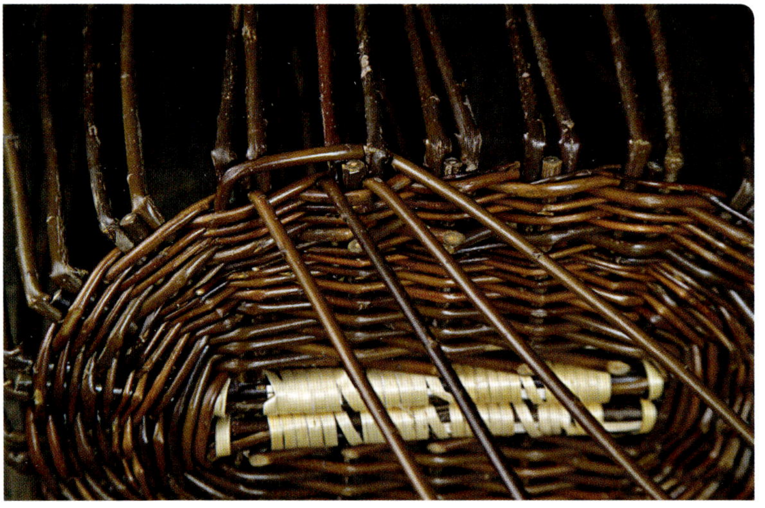

Stecken Sie die vier Kimmweiden jeweils links neben die Staken ein.

Stake zu legen! Verflechten Sie die Weiden jeweils *vor drei Staken / hinter eine Stake / nach vorne* (siehe Foto oben) bis zur gegenüberliegenden Seite. Lassen Sie die Weidenspitzen vorerst nach außen stehen. Auf dieser Seite stecken Sie wiederum vier Weiden ein und verfahren genauso.

Wenn Sie mit dieser Weidengruppe nach einer halben Runde auf der anderen Seite angekommen sind, bleibt die Weide, die im selben Abstand ankommt wie die erste Weide eingesteckt wurde, neben dieser liegen und wird zum Schluss an dieser Stelle abgeschnitten. Die nächsten drei Weiden vervollständigen ihren Flechtschlag *vor drei Staken / hinter eine Stake* und gehen dann in eine **Dreierkimme** *vor zwei Staken / hinter eine Stake* über. Auf der gegenüberliegenden Seite flechten Sie in gleicher Weise.

Klopfen Sie nun die Staken mit dem Schlageisen nochmals fest in den Boden. Das Ausflechten der nun nur noch kurzen Weidenspitzen als Dreierkimme kann entweder noch auf dem Schoß oder schon auf dem **Arbeitsbrett** erfolgen. Das Arbeiten auf dem Brett bietet den Vorteil, dass die Staken mit der Dreierkimme besser in Form gebracht werden können.

Der **Materialvorteil** bei dieser Fußbildung besteht darin, dass die Weidenspitzen komplett eingeflochten werden und so keine Reste entstehen.

Der Korbrumpf: Da die ausgeflochtenen Weidenspitzen die Staken noch nicht in ihre endgültige Stellung gebracht haben, wird nun noch eine komplette Dreierkimme als **Rumpfkimme** gearbeitet.

Nach der Rumpfkimme legen Sie mit den Schichtweiden die erste **Schicht** ein und flechten diese ganz aus.

PRAXISTIPP
Achten Sie beim Flechten ovaler Körbe darauf, dass die Längsseiten nicht zu konisch nach außen laufen und sich die Rundungen gleichmäßig gegenüberstehen.

Beim Einlegen der zweiten Schicht bereiten Sie den Platz für den Henkel vor, in-

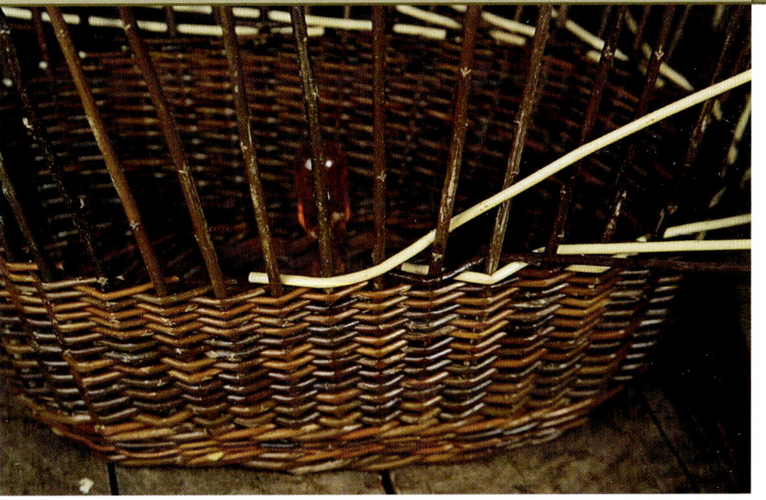

Zwischen den Mittelstaken wird Platz für den Henkel freigehalten.

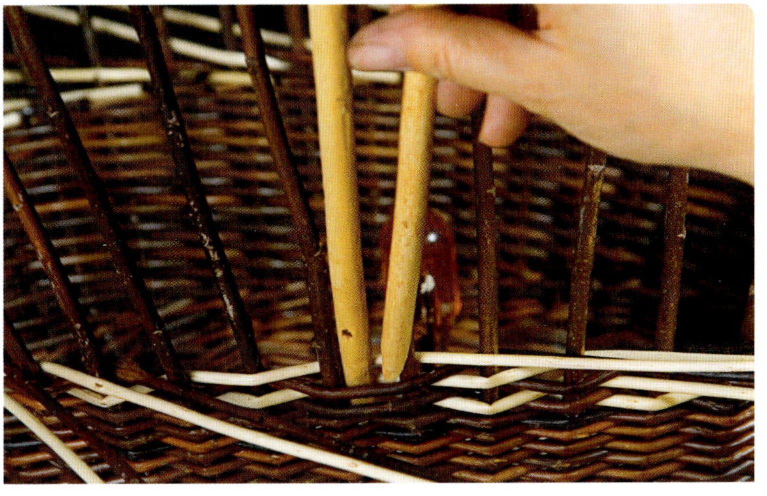

Die Henkelplatzhalter werden eingesteckt.

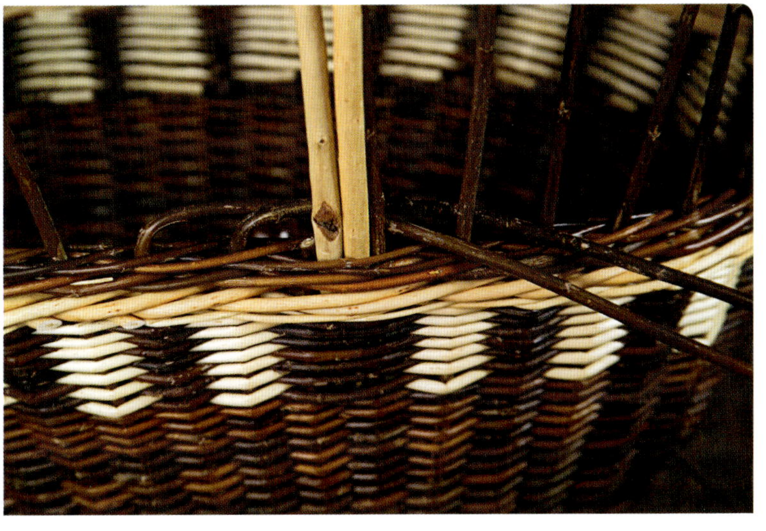

Die linke Stake neben dem Platzhalter wurde abgeschnitten, der Zuschlag kann beginnen.

dem Sie zwischen den beiden **Mittelstaken**, die am mittleren kurzen Bodenstock eingesteckt sind, keine Schichtweiden einlegen (siehe oberes Foto Seite 75).

Somit legen Sie vor den zwei Mittelstaken eine Schichtweide ein, der nächste Abstand bleibt leer, und in den Abstand danach legen Sie wieder eine Weide ein. Die beiden Mittelstaken werden in der folgenden Beschreibung nur als *eine* Stake gezählt.

Die Schichtweide läuft nun *vor die beiden Mittelstaken / hinter die nächsten Stake / nach vorne*. Verfahren Sie so auf beiden langen Seiten des Korbes. Wenn drei bis vier Runden geflochten sind, stecken Sie einen **Henkelplatzhalter** in die bei der Mittelstake entstandene breite Lücke. Sehr gut eignen sich dafür zwei Weidenstöcke (siehe mittleres Foto Seite 75).

Diese Vorarbeit wird Ihnen das spätere Einstecken der Weideneinlage für den doppelten Henkel sehr erleichtern.

Die zweite Schicht kann im traditionellen Muster als **gescheckte Schicht** (siehe Seite 51) eingelegt werden. Hier sind Ihren eigenen **kreativen Ideen** keine Grenzen auferlegt: Sie können genauso eine ganz weiße Schicht oder einen anderen Wechsel zwischen hellen und dunklen Weiden flechten.

Eine weiße **Viererkimme** und danach eine Viererkimme aus **ungeschälten Weiden** geben dem Korb seine endgültige Form (siehe Seite 51). Den Abschluss des Korbes bildet der gebräuchliche **Zuschlag mit vier Paaren** (siehe Seite 52). Schneiden Sie die linke Stake am Henkelplatzhalter ab, dies erleichtert das Flechten des Zuschlages.

Beginnen Sie den Zuschlag an der langen Seite, zwei Staken vor dem Sitz des Henkelplatzhalters (siehe unteres Foto Seite 75).

Putzen Sie nach dem Verziehen des Zuschlages und dem Wegschneiden der Abschnitte den Korb sauber aus.

Der geschlungene Henkel: Dieser Henkel wird mit **doppelter Weideneinlage** hergestellt. Legen Sie die beiden Weidenstöcke, die als Henkeleinlagen vorgesehen sind, gut eingeweicht bereit und schalmen Sie diese am Stammende an.

Nach dem Entfernen der Henkelplatzhalter wird der erste Stock eingesteckt und zur anderen Seite gebogen, dort ebenfalls angeschalmt und, mit dem Schalm zum Korbinneren hin, in 37 cm Höhe eingesteckt. Die Höhe wird vom Boden zur Unterkante der Einlage gemessen.

Die zweite Henkeleinlage stecken Sie dort ein, wo der erste Stock endet, und führen die Einlageweide wieder zurück auf die erste Seite. So steckt dickes Ende neben dünnem Ende und die Stärke des Henkels wirkt ausgeglichen. Rechts neben der Henkeleinlage wird mit dem Pfriemen ein Loch vorgestochen, in das die erste **weiße Henkelweide** zum **Umschlingen** eingesteckt werden kann (siehe Foto Seite 77 links oben).

Von links oben nach rechts unten:

Die erste Henkelweide wird eingesteckt.

Die Weidenspitzen zeigen ins Innere des Korbes.

Die Weide für den Wickel wird gedreht und fasst die Weidenspitzen unter dem Henkel.

Stabil und fest – ohne Leim und Nagel!

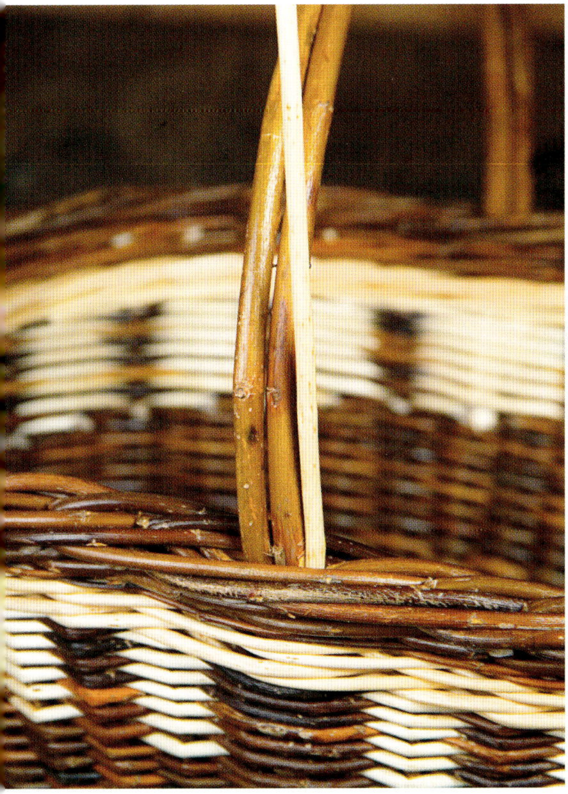

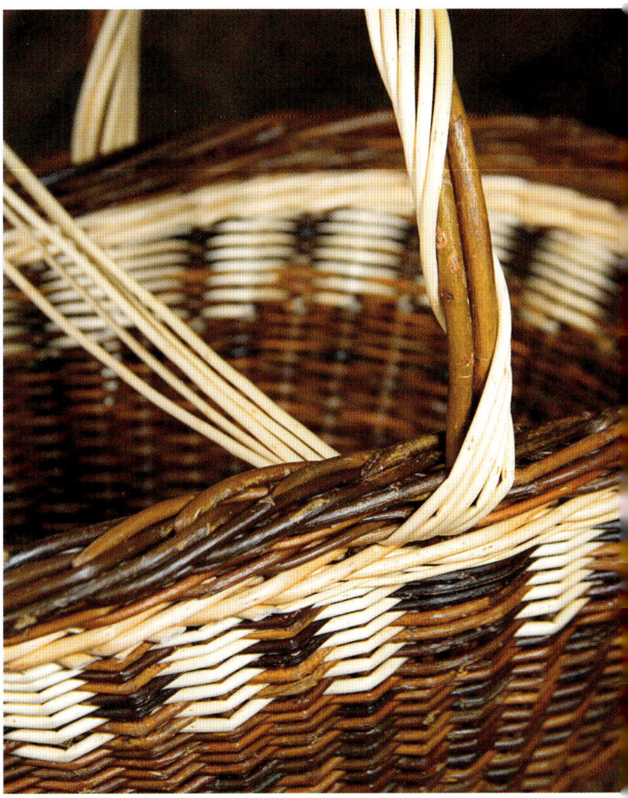

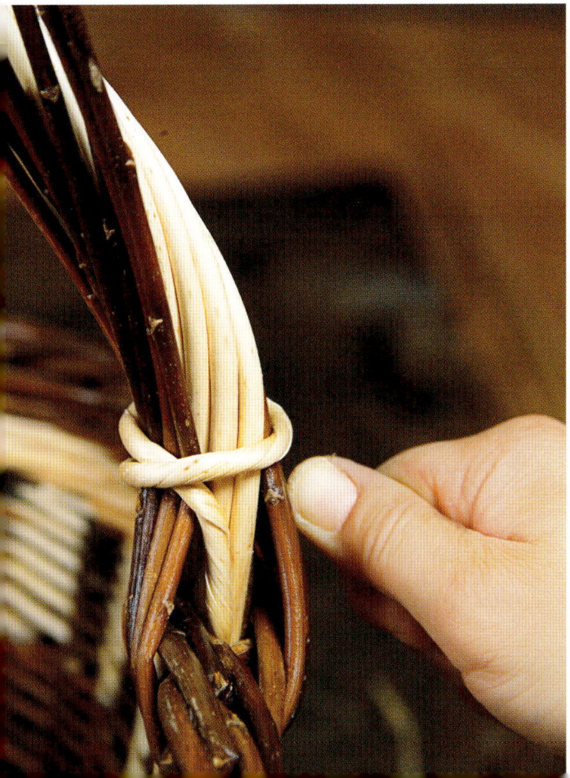

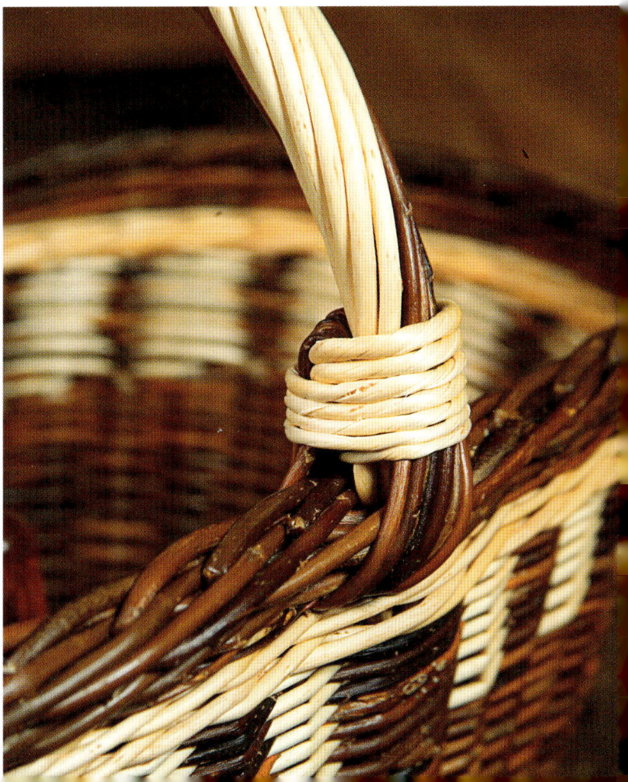

Sie führen die Henkelweide als Erstes unter der Henkeleinlage durch und mit zweieinhalb Umschlingungen zur anderen Seite. Dort wird die Weide links neben der Einlage unter der ungeschälten Kimme von außen nach innen durchgezogen. Die nächsten weißen Weiden stecken Sie, zur Innenseite des Korbes hin, neben der ersten Weide ein. Dann folgen sie der ersten Weide zur anderen Seite (siehe Foto Seite 77 rechts oben).

Die ungeschälten Henkelweiden stecken Sie auf der gegenüberliegenden Seite ein und verfahren genauso. Nun stehen also auf der einen Seite die weißen und auf der anderen Seite die ungeschälten Henkelweiden ins Innere des Korbes. Diese Gruppen von Enden müssen nun jeweils mit einer extra Weide gefasst und befestigt werden.

Für die **Bindung** schalmen Sie eine weiße Weide an und stecken diese links neben den Henkel ein. Nun drehen Sie die Weide wie eine Griffweide auf. Fassen Sie die nach innen stehenden Weidenspitzen und drücken Sie diese fest unter den Henkel.

Die **gedrehte Weide** wird von links nach rechts um den Henkel geschlungen und fasst damit die Weidenspitzen. Dies geschieht in Höhe von etwa 4 cm vom Zuschlag entfernt (siehe Foto Seite 77 links unten).

RICHTIG GEWICKELT – DIE BINDUNG
Das Anbringen der Bindung, auch Wickel genannt, bedarf einiger Übung, da der Einsatz aller Finger für unterschiedlichste Klemm-/Halte-/Hebe- und Sicherungsgriffe benötigt wird. Haben Sie Geduld!

Noch zweimal schlingen Sie die gedrehte Weide um den Henkel und die Spitzen, bevor Sie die Weidenspitzen vorsichtig nach unten biegen und mit den nächsten Umrundungen befestigen.

Insgesamt sind nun vorne sechs bis sieben Umrundungen zu sehen, die letzte Runde liegt auf dem Zuschlag auf (siehe Foto Seite 77 rechts unten). Die Weide wird zum Verziehen auf der Innenseite des Korbes durch die schräg liegenden Weiden gezogen und nochmals im Geflecht verwahrt. Die Bindung auf der anderen Seite des Korbes arbeiten Sie genauso.

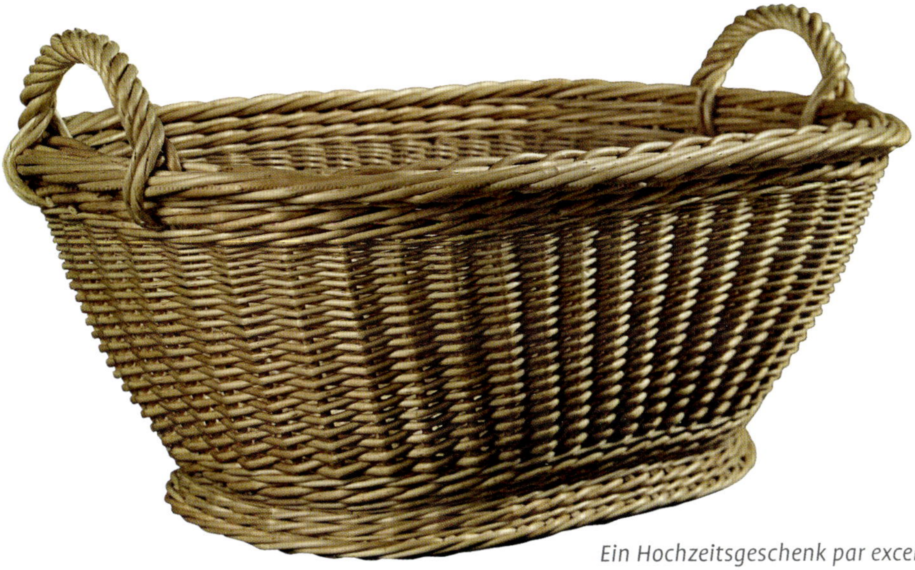

Ein Hochzeitsgeschenk par excellence, der ovale Waschkorb.

Ovaler Waschkorb

Ein Waschkorb aus Weide ist seinen Nachfolgern aus Plastik weit überlegen! Er ist schön, jahrzehntelang haltbar und außerdem nimmt das Flechtwerk Feuchtigkeit auf.

Ein geflochtener Waschkorb gehört in jeden Haushalt und ist auch heute noch ein beliebtes Geschenk zur Hochzeit.

Außenmaße: Boden: 40 cm × 26 cm, Korbhöhe: 25 cm, obere Länge: 60 cm, obere Breite: 40 cm.

Der ovale Boden: Für den ovalen Wäschekorb stellen wir einen geschichteten und gefitzten Boden her. Dieser Boden hat eine Länge von 40 cm und eine Breite von 26 cm.

PRAXISTIPP

Zur besseren Orientierung können die Mitte des Bodens und die Stellen, an denen nachher die Querlagen liegen, mit einem Bleistift auf den Längslagen angezeichnet werden (siehe Foto Seite 81 oben).

Für das **Bodenkreuz** benötigen Sie vier lange Bodenstöcke als Längslagen und acht kurze Bodenstöcke als Querlagen. Die Längslagen werden mit einem Messer mittig auf 20 cm aufgeschlitzt.

Nach dem Schlitzen des ersten langen Bodenstockes werden zwei der kurzen Bodenstöcke durch die entstandene Öffnung gesteckt. Der Abstand der beiden äußeren Querlagen zueinander beträgt 18 cm. Die **Berechnungsformel** für die Länge der **Wicklung** lässt sich praktischerweise auf viele gewünschte ovale Bodengrößen anwenden.

BERECHNUNG DER WICKLUNGSLÄNGE

Länge des Bodens
– Breite des Bodens
+ Breite der Längslagen
= Länge der Wicklung.

Für diesen Korb möchten Sie einen ovalen Boden mit der Länge 40 cm und der

Materialliste für einen ovalen Waschkorb aus weißen Weiden

Anzahl	Art	Länge	Stärke
8	Bodenstöcke, weiß	52 cm	10 mm
4	Bodenstöcke, weiß	35 cm	10 mm
6	Weidenschienen		5 mm
10	Weiden für Bodenaufbruch	140 cm	5,5 mm
ca. 10	Weiden zum Bodenflechten	140 cm	5,5 mm
48	Staken	160 cm	6,5 mm
12	Kimmweiden	160 cm	5,5 mm
48	Schichtweiden	140 cm	5 mm
16	Kimmweiden	160 cm	6 mm
48	Weiden für Fuß (z. B. Abschnitte der Staken)	100 cm	4,5 mm
12	Kimmweiden	100 cm	4 mm
2	Griffeinlagen	ca. 50 cm	8 mm
4	Griffweiden	160 cm	6,5 mm

Breite 26 cm herstellen. Angenommen, die vier langen Bodenstöcke haben zusammen eine Breite von 4 cm, lautet die Rechnung:

40 cm – 26 cm + 4 cm = 18 cm.

Also wickeln Sie die Bodenstöcke auf einer Länge von 18 cm ein.

Nun werden nacheinander die restlichen Längslagen geschlitzt und auf die zwei kurzen Stöcke gesteckt. Das Einstecken der restlichen Querlagen in den Schlitz der drei Längslagen erfolgt von der Mitte aus gleichmäßig nach links und rechts. Ganz außen liegen nun jeweils zwei Stöcke als **Querlagenpaar** nebeneinander.

Zwischen diesen Paaren liegen in regelmäßigen Abständen die restlichen vier Querlagen. Die langen Stöcke werden paarweise leicht auseinandergeschoben, damit zum Wickeln Platz entsteht.

WEIDENSCHIENEN

Der Korbmacher stellt seine Weidenschienen meist selber her, dazu benötigt er einige Spezialwerkzeuge. Die Weide wird mit dem Drei- oder Vierspalter, auch Reißer genannt, der Länge nach aufgespalten, danach mit dem Weidenhobel auf der Unterseite glatt gehobelt. Im Anschluss wird die Weidenschiene durch den Schmälerer gezogen, dadurch erhält man die gewünschte Breite.

Die kurz eingeweichte **Weidenschiene** wird auf der Unterseite des Bodens zwischen geschlitzte Längs- und Doppelquerlagen eingesteckt, sodass zuerst die Innenseite der Weidenschiene zu sehen ist (siehe Foto Seite 81 Mitte).

Nun halten Sie die Weidenschiene fest und drehen den Boden auf die

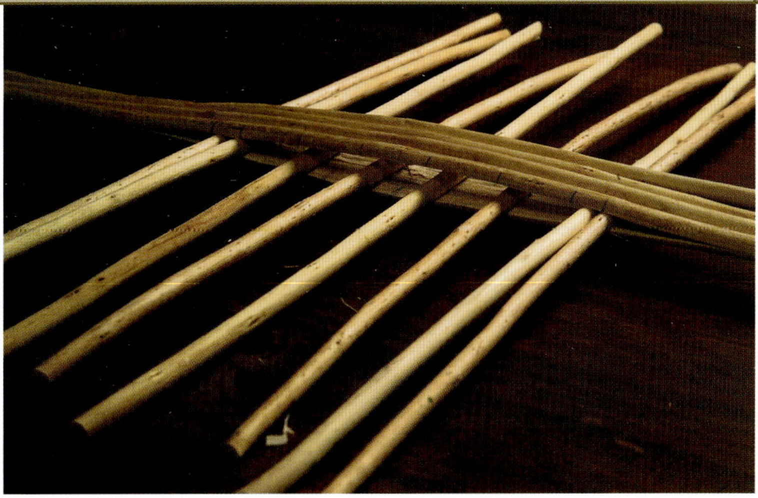

Das ovale Bodenkreuz ist gesteckt und muss nun eingewickelt werden.

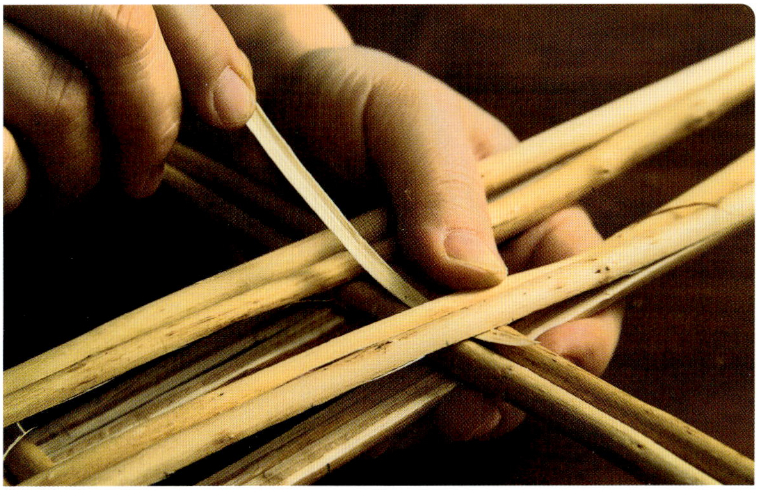

So wird die Weidenschiene zum Wickeln des Bodenkreuzes eingesteckt.

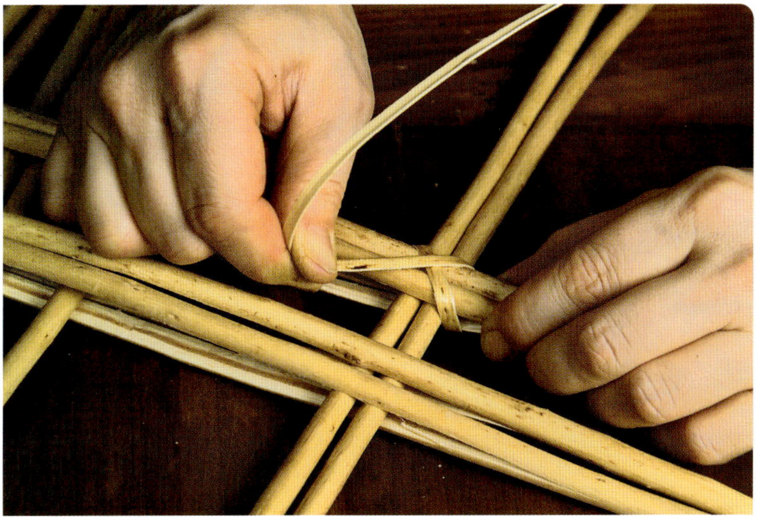

Erste Kreuzwicklung am ovalen Bodenkreuz.

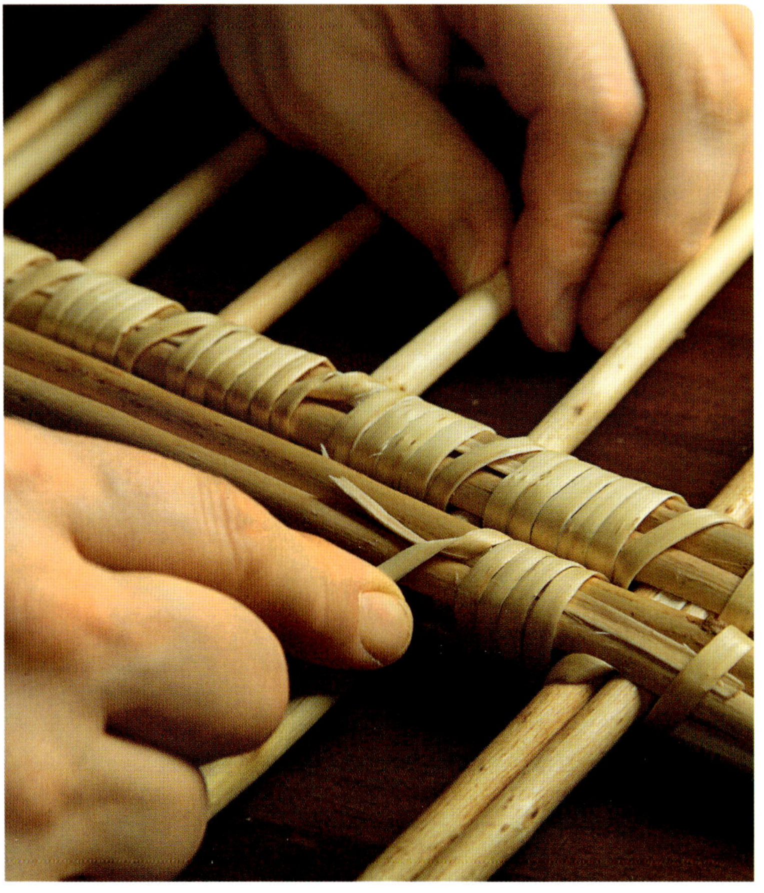

Das Ansetzen der Weidenschiene. Gut sichtbar sind die geraden Wicklungen und die Querwicklung auf der Unterseite des Bodens.

Oberseite. Führen Sie die Schiene so mit, dass Sie die Kreuzwicklung nun aus Ihrer Sicht von rechts unten nach links oben und weiter nach links unten zu rechts oben binden (siehe Foto Seite 81 unten).

Durch das Drehen des Bodenkreuzes liegt die glatte Seite der Schiene oben. Nun füllen Sie mit **geraden Wicklungen** den nächsten Zwischenraum aus. Mit einer **Querwicklung** auf der Unterseite des Bodens wechseln Sie in den nächsten Abschnitt und so fort, bis Sie am Ende der Strecke das linke Doppelquerlagenpaar erreicht haben. Dieses binden Sie mit einer **Kreuzwicklung**. Auf der Unterseite des Bodens wird die Weidenschiene durch die geraden Wicklungen verzogen. Das erste Paar Längslagen ist eingebunden.

EMPFEHLUNG

Da ein Hobbyflechter meist nicht über die benötigten Werkzeuge zur Herstellung von Weidenschienen verfügt, empfehlen wir den Kauf der Weidenschienen beim Materialhändler.

Drehen Sie das Bodenkreuz so, dass die noch nicht eingewickelten Bodenstöcke bei Ihnen liegen. Wieder wird die Weidenschiene auf der Unterseite eingesteckt und zur ersten Kreuzwicklung verarbeitet. Sollte die Länge der Schiene nicht ausreichen, müssen Sie eine neue ansetzen. Schieben Sie diese neue Schiene so in die schon vorhandenen Wicklungen, dass Sie dabei auf die Innenseite der Schiene schauen. Nun verwinden Sie den Rest der alten Schiene mit der neuen. Die alte Schiene bleibt liegen, die neue läuft weiter und bindet die alte mit ein (siehe Foto Seite 82).

Durch das **Verwinden** der neuen und der alten Schiene sehen Sie auch wieder auf die glatte Oberseite der Schiene. Das Wickeln des zweiten Längslagenpaares wird genauso beendet wie beim ersten Paar. Nun klopfen Sie vorsichtig mit dem Schlageisen die gewickelten Paare so zusammen, dass ein nach allen Seiten gleichmäßiges Bodenkreuz entsteht.

Mit zehn Weiden der Länge 140 cm beginnen Sie das **Ausflechten** des Bodens in derselben Systematik wie beim ovalen Henkelkorb (siehe Seite 72) mit dem **Einlegen** der ersten Weide in den Abstand zwischen Stock 1 und Stock 2 der zweiten Weide zwischen den Stöcken 2 und 3 und so weiter, bis vier Weiden eingelegt sind. Da für die benötigte fünfte und letzte Weide kein Abstand mehr zur Verfügung steht, muss diese anders eingesetzt werden.

Für diesen Waschkorb zeigen wir Ihnen dafür eine andere Möglichkeit wie beim ovalen Henkelkorb: Mit dem Stammende von hinten nach vorne wird die fünfte Weide durch den Abstand zwischen viertem Stock und linkem Doppelpaar – neben die vierte eingelegte Weide – geschoben (siehe Seite 84 oben).

Das Stammende der fünften Weide zeigt also nach vorne auf die Oberseite des ovalen Bodens. Die Spitze der Weide zeigt zunächst noch nach hinten, wird dann aber um das Doppelpaar herumgeführt und vollzieht ebenfalls den Schlag *vor zwei Stöcke / hinter einen Stock / nach vorne.*

Beim Herumführen müssen Sie sowohl die vierte Weide wie auch die nach vorne durchgeschobene fünfte Weide fest an das Bodenkreuz drücken, damit die Kurve schön **glatt** anliegt und **keinen Knick** bekommt. Auf beiden Seiten arbeiten Sie gleich und legen so zwei Gruppen mit je fünf Weiden ein.

Diese Gruppen wandern in den folgenden Arbeitsschritten immer hintereinander um den Boden herum. Führen Sie die als Zweite eingelegte Weide von hinten neben dem Doppelstockpaar nach vorne und über die vier Längslagen wieder nach hinten. Die erste Weide läuft hinter den vier Längslagen nach vorne und über dem nächsten Doppelstockpaar wieder nach hinten. Somit verwindet sie sich mit der zuerst verflochtenen Weide wie bei einer Fitze.

Wichtig! Beachten Sie, dass Sie immer vor und nach den Längslagen die Weiden kreuzen müssen.

Auf der langen Seite liegen die Weiden wie bei einer **Schicht** immer aufeinander und werden demnach nicht miteinander verwunden. Mit den zwei vordersten Weiden der zweiten Gruppe wird ebenso geflochten. Flechten Sie die Weiden auf beiden langen Seiten als Schicht von links nach rechts. Insgesamt gehen drei Geflechtsrunden über die vier Längslagen und über die noch geschlossenen Doppelpaarstöcke, bevor diese in einzelne Stöcke und die Längslagen in zwei Paare aufgebrochen werden (siehe Seite 84 Mitte).

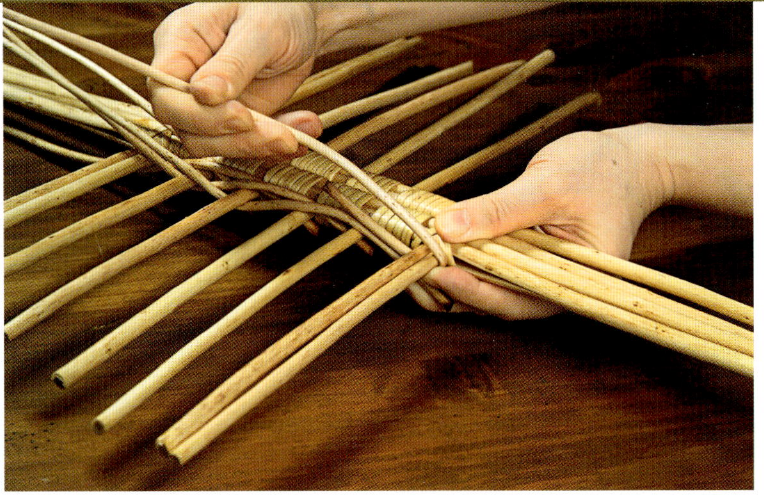

Halten Sie die Weiden beim Einlegen gut fest, damit keine Knicke entstehen.

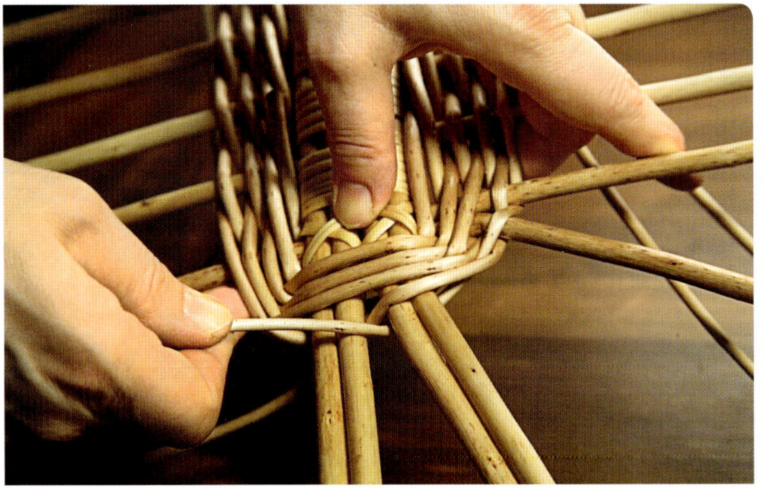

Das Aufbrechen der Längslagen in zwei Paare.

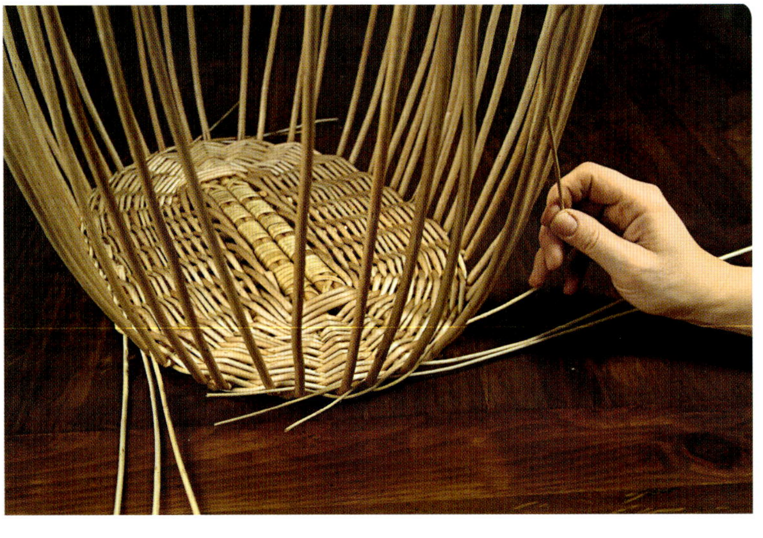

So beginnen Sie die doppelte Dreierkimme.

Nach weiteren zwei Runden werden auch die Längslagenpaare in einzelne Stöcke geteilt.

PRAXISTIPP
Achten Sie beim Flechten des Bodens von Beginn an darauf, dass der Boden eine Wölbung erhält und die Bodenstöcke gleichmäßig und in einer Ebene verteilt liegen.

Am Ende der Schicht zeigen alle Weidenspitzen auf die Unterseite des Bodens, wobei auf jeder Längsseite fünf Weiden enden.

Wie beim Boden des ovalen Henkelkorbes wird nun bis zur gewünschten Bodengröße **gefitzt** (siehe Seite 73).

Die **Abschlussrunde** (siehe Seite 47) beendet den Boden. Dann schneiden Sie die Bodenstöcke ab.

Der Korbrumpf: Für den ovalen Waschkorb benötigen Sie 48 **Staken**. Die angeschalmten Staken werden jeweils links und rechts neben jeden Bodenstock tief eingesteckt. Den notwendigen Platz dafür können Sie mit einem Pfriemen schaffen.

Die Staken werden vor dem Hochnehmen mit einem Messer leicht **geschlitzt**, damit sie nicht brechen. Binden Sie alle hochgenommenen Staken mit einer Schnur in einer Höhe von etwa 90 cm über der Mitte des Bodens zusammen.

Da der Waschkorb erst ganz am Schluss der Herstellung seinen Fuß bekommt, werden die Staken jetzt mit dem Schlageisen direkt an der Krümmung nochmals fest in den Boden geklopft.

Für die folgende **doppelte Dreierkimme** benötigen Sie zwölf Weiden der Länge 160 cm. Die Kimme als gestaltendes Element gibt den Staken Form und dem Korb Festigkeit.

Jeweils links der Rundung der kurzen Seiten werden zu Beginn drei Weiden, die mit der Spitze nach vorne zeigen, hinter einer Stake eingelegt (siehe Foto Seite 84 unten).

Die ersten drei Weiden flechten Sie *vor zwei Staken / hinter eine Stake* bis die Weiden die zweite Dreiergruppe erreicht haben. Dann geht es mit dieser Gruppe weiter, bis beide Gruppen bis zum Stammende verflochten sind. Die nächsten zweimal drei Weiden setzen Sie mit den Stammenden an und verflechten Sie bis zur Spitze.

Während des Flechtens und besonders gleich nach dem Ansetzen müssen Sie immer wieder das Schlageisen einsetzen, um die Kimme auf eine **gleichmäßige Höhe** zu klopfen.

Mit dem Stammende ins Innere des Korbes zeigend, legen Sie die erste Schichtweide in einen beliebigen Abstand zwischen zwei Staken ein und führen sie *vor eine Stake / hinter eine Stake* / nach vorne. Dabei hält der Daumen der linken Hand die Schichtweide vor der Stake im festen Griff, die rechte Hand führt die Weide zwischen den Staken nach innen und wieder nach vorne durch.

PRAXISTIPP
Bei und nach dem Einlegen einer Schicht müssen Sie die Staken überprüfen und in die gewünschte Stellung bringen. Dies nennt man auch Ausrichten.

Die zweite Schichtweide kommt im nächsten Abstand links von der ersten zu liegen und verläuft genauso *vor eine Stake / hinter eine Stake / nach vorne.*

Reihum wird in jeden Abstand eine Schichtweide eingelegt. Beachten Sie bei den letzten beiden Weiden, dass sie unter den ersten beiden Weiden eingelegt werden müssen, damit die Systematik des Geflechts erhalten bleibt. In einem großen **Kranz** stehen nun die 48 Schichtweiden aus dem Korb heraus.

PRAXISTIPP

Klopfen Sie das Flechtwerk während der Runden immer wieder mit dem Schlageisen fest und befeuchten Sie das Werkstück.

Achten Sie darauf, dass die Staken während des Flechtens immer in ihrer angestammten Position verbleiben. Die Schichtweiden führen dabei in einem durch den Stakenabstand festgelegten Schränkungswinkel um die Staken.

Mit einer beliebigen Weide können Sie nun die nächste Runde mit dem Schlag *vor eine Stake / hinter eine Stake* beginnen. Bei diesem ersten Schlag entsteht nun auch das schon bekannte erste Geflechtspaar. Die zweite Weide, links neben der ersten, bildet nach demselben Gang das zweite Geflechtspaar. Alle folgenden Weiden werden ringsum in derselben Weise verflochten, bis sie wieder zum Beginn der Runde und somit zu den Geflechtspaaren gelangen.

Das Auflösen der Paare geschieht folgendermaßen: vom ersten Paar verflechten Sie die untere Weide vor eine Stake / hinter eine Stake. Ebenso die untere Weide vom zweiten Paar. Achten Sie besonders darauf, dass sich diese unteren Weiden nicht mit den oberen Weiden kreuzen, sondern das bisherige Muster fortsetzen. In dieser Weise verfahren Sie, bis die Weiden komplett in den Korb eingeflochten sind und nur noch die Spitzen herausschauen.

PRAXISTIPP FÜR FORTGESCHRITTENE

Erfahrene Flechter bilden pro Runde mehrere Geflechtspaare zu Beginn der Runde und arbeiten demnach mit mehreren Schlägen *vor eine Stake / hinter eine Stake.*

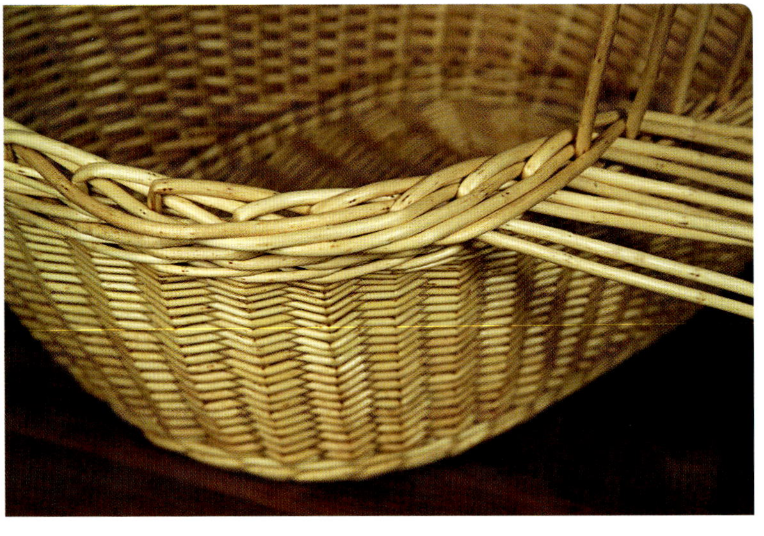

Flechtbeginn beim Zuschlag mit fünf Paaren.

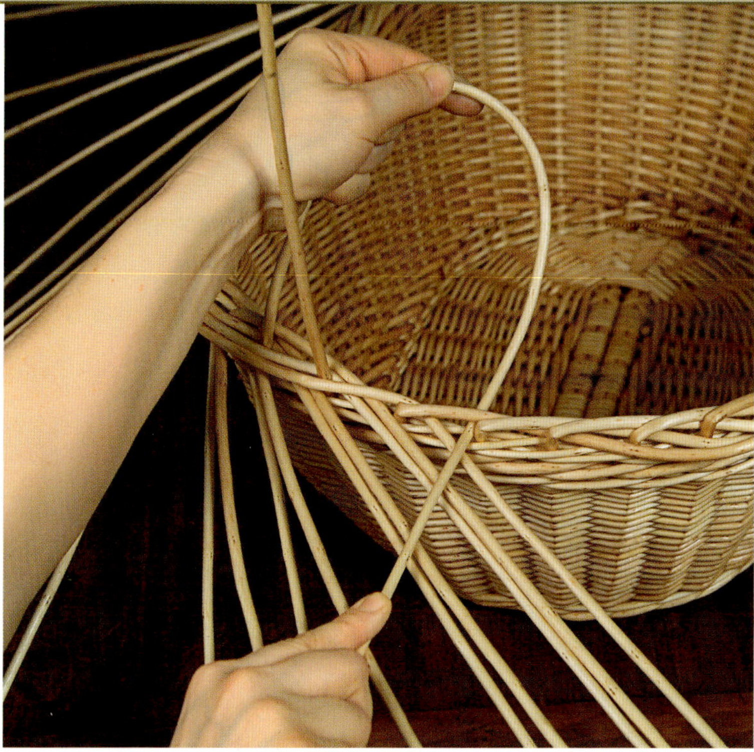

Die vorletzte Stake wird verzogen.

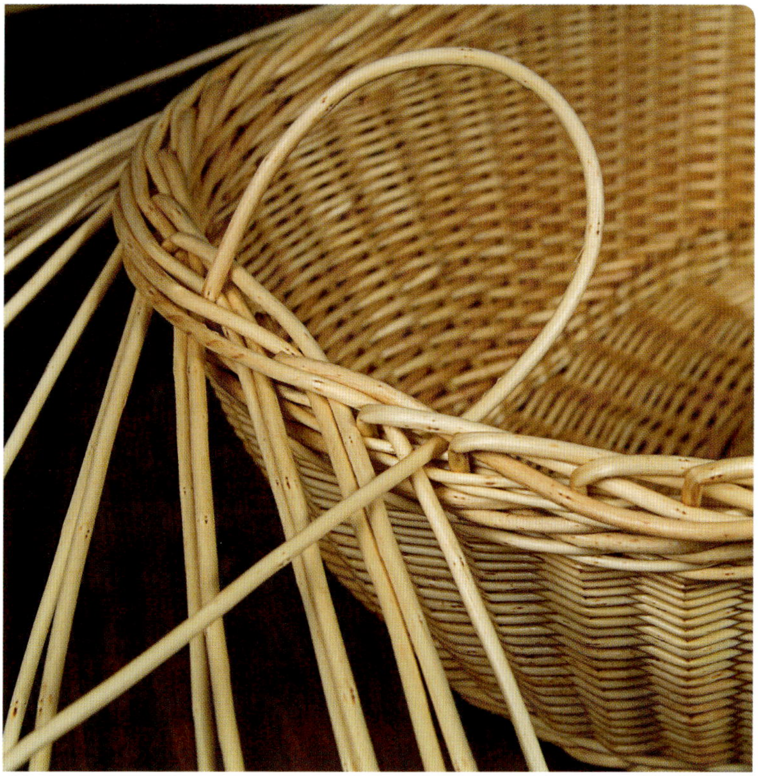

Nach dem Verziehen der senkrechten Staken müssen Sie die Paare auflösen und vor vier / hinter eins verziehen.

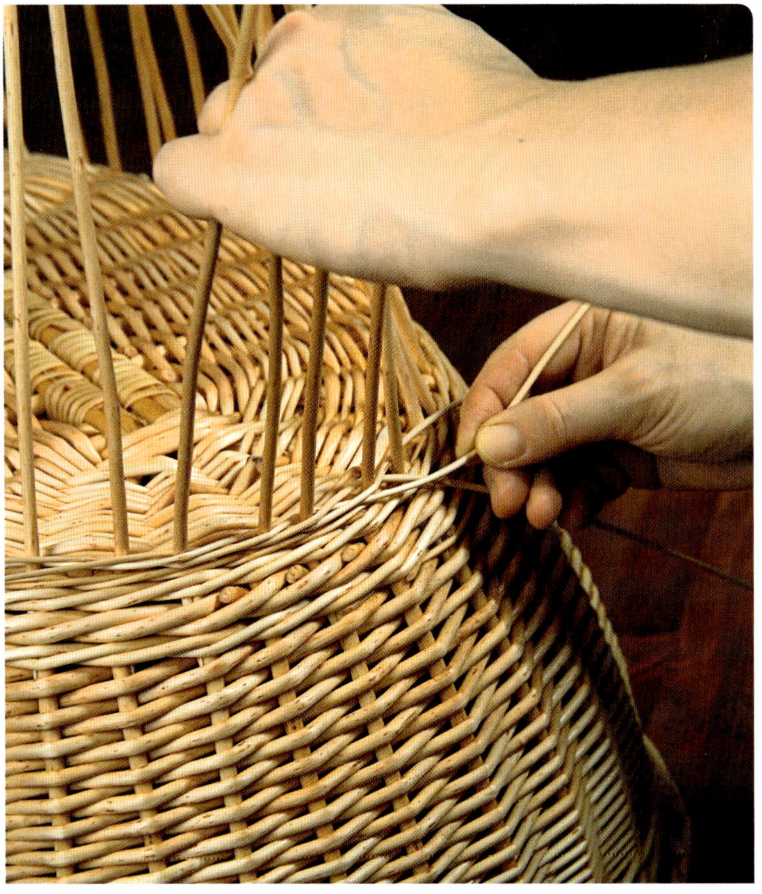

Der Waschkorb bekommt seinen Fuß.

Sobald die Schichtweiden komplett in die Korbwand geflochten sind und nur noch die kurzen Spitzen herausschauen, werden diese mit dem Messer rechts von der Stake abgeschnitten. Ziehen Sie dabei ziehen Sie das Messer beim Schnitt leicht nach oben, damit die darunter liegenden Weiden nicht verletzt werden.

In der gleichen Weise, jedoch mit anderer Schlagzahl wie zu Beginn der Korbwand die doppelte Dreierkimme, wird nun als **Abschlusskimme** eine Viererkimme geflochten.

Sie benötigen hierzu insgesamt 16 Kimmweiden, die *vor zwei Staken / hinter zwei Staken* verflochten werden. Die Kimmweiden werden so abgemessen und eingelegt, dass im Verlauf des Flechtens die Stammenden auf der Mitte der Rundung der kurzen Seiten zu liegen kommen und dort auch angesetzt werden können.

Besonders bei dieser Abschlusskimme müssen Sie immer wieder mit dem Schlageisen klopfen, damit an allen Stellen die gleiche Höhe erreicht wird und die letzten Schichtrunden ihre Festigkeit erhalten. Nach der Beendigung der Abschlusskimme nehmen Sie den Korb vom Brett und weichen ihn nochmals ein, damit Sie sofort anschließend den Zuschlag flechten können.

Für die **Randbildung** am Waschkorb wählen wir den **Zuschlag mit fünf Paaren**. Zu Beginn werden an der Rundung und dem späteren Sitz der Griffe fünf Staken immer hinter zwei Staken umgebogen. Die nach vorne stehenden Weiden führen den Schlag *vor vier Staken / hinter eine Stake* aus, die stehenden Staken werden hinter zwei Staken dazugelegt. Sie erhalten fünf hintereinanderliegende Geflechtspaare (siehe Foto Seite 86), die Sie in dieser Systematik weiter verflechten. Verziehen Sie den Zuschlag entsprechend dem geflochtenen Muster (siehe Fotos Seite 87).

Schneiden Sie die nach außen stehenden Weidenspitzen sauber ab. Diese Abschnitte werden nochmals kurz **gewässert** und direkt anschließend zum Flechten des Korbfußes verwendet.

Der aufgesteckte Fuß: Die Abschnitte haben schon eine schräge Schnittfläche. Sollte diese zu kurz und steil sein, nehmen Sie nochmals das Messer zur Hand und schalmen die Abschnitte gut an. Der Korb steht umgedreht auf dem Werkbrett.

Die Abschnitte verwenden Sie nun als Staken für den aufgesteckten Fuß und stecken sie jeweils links der linken und rechts der rechten Hauptstake ein. Die gewünschte Höhe des Fußes erreichen Sie mit dem Flechten einer doppelten Dreierkimme (siehe Seite 85).

Ziehen Sie während des Flechtens die Staken nach außen (siehe Foto Seite 88), damit sich ein ausgestellter Fuß ergibt und die noch sichtbaren Bodenstockenden verdeckt werden. Klopfen Sie das Geflecht mit dem Schlageisen dicht und eben. Der **Zuschlag** wird mit vier Paaren geflochten (siehe Seite 52).

Nach dem Abschneiden der Weidenspitzen drehen Sie den Korb um und setzen ihn zweimal kräftig auf den Werkstattboden. Dadurch ebnet sich der Fuß und steht nun gerade und wohlgeformt vor Ihnen. Zum guten Schluss bringen Sie noch zwei **Griffe** an (siehe Seite 58–61) und der nächste Waschtag kann getrost kommen!

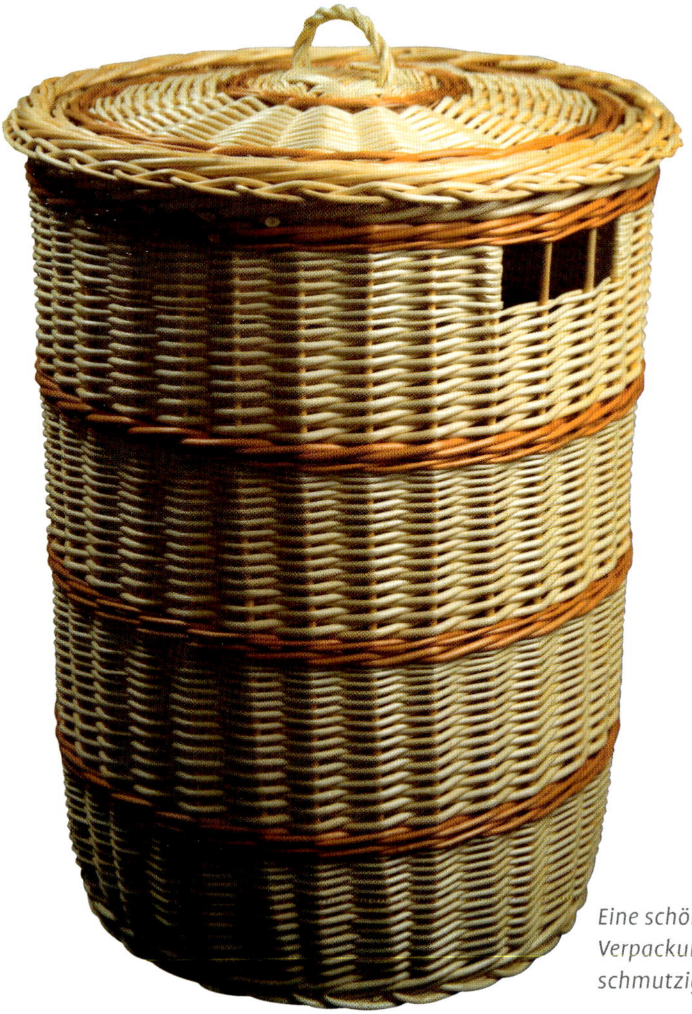

Eine schöne Verpackung für schmutzige Wäsche.

Zylindrischer Wäschekorb

Der zylindrische Wäschebehälter, auch als Wäschetonne, Wäschekorb, Schwarzwaschkorb oder Wäschepuff bekannt, ist ein beliebtes Werkstück in der Korbflechterei und ein praktischer und schöner Gebrauchsgegenstand für jeden Haushalt.

Außenmaße: Bodendurchmesser: 35 cm, Korbhöhe: 58 cm, Durchmesser oben außen: 42 cm.

Der Boden: Für den runden Boden benötigen Sie acht Bodenstöcke in einer Länge von 45 cm und ein kleines Bündel Weiden der Länge 160 cm zum Ausflechten. Das **Bodenkreuz** wird mit vier geschlitzten und vier durchgesteckten Stöcken hergestellt (siehe Seite 56). Nach den ersten drei **gefitzten Runden** (siehe Seite 47) teilen Sie je vier Stöcke in zweimal zwei **Paare**. Insgesamt ergeben sich acht Bodenstockpaare, die nach weiteren zwei Runden vereinzelt werden. Mit **Fitzen** wird der Boden nun auf den gewünschten Bodendurchmesser von 35 cm ausgeflochten.

Bei diesem Korbboden können Sie eine einfache Variante des Ansetzens mit dem Stammende anwenden, da der Boden dieses Korbes meist unter einem Wäschehaufen verborgen ist.

Schieben Sie dazu das Stammende der neuen Weide neben der zu kurzen Weide von hinten unten nach vorne oben und flechten dann weiter. Wenn die zweite Fitzweide ebenfalls zu kurz ist, setzen Sie in der gleichen Weise eine neue Weide mit dem Stammende an.

Stecken Sie die angeschalmten Staken links und rechts der Bodenstöcke ein und schlitzen Sie die Staken mit einem Messer an. Nehmen Sie die Staken dann hoch und binden Sie diese über dem Mittelpunkt des Bodens in etwa 90 cm Höhe zusammen. Für einen festen Sitz im Boden werden die Staken mit dem Schlageisen eingeklopft.

Der Korbrumpf: Eine Variante der Fußbildung mit Schichtweiden ist der sogenannte **Gänsefuß**. Er wird wie folgt gearbeitet: Schalmen Sie die Weiden der **ersten Schicht** an. Nun stechen Sie mit dem Pfriemen jeweils links neben den Staken ein Loch vor und stecken die Schichtweiden rundherum in den Boden ein. Wie ein Kranz stehen die Weiden nun nach außen.

Sie beginnen mit einer beliebigen Schichtweide und führen sie vor den beiden nächsten Schichtweiden nach hinten (siehe Foto Seite 92 oben).

Die Staken werden dabei noch nicht umflochten. Die Runde schließen Sie durch **Verziehen** der letzten beiden Weiden unter die ersten Weiden ab. Die

Materialliste für einen zylindrischen Wäschekorb

Anzahl	Art	Länge	Stärke
8	Bodenstöcke, weiß	45 cm	10 mm
ca. 20	Weiden zum Bodenflechten	160 cm	5–5,5 mm
32	Staken, weiß	180 cm	7 mm
26	Kimmweiden, braun	160 cm	6 mm
128	Schichtweiden, weiß	140 cm	5,5–4,5 mm
einige	Abschnitte oder kurze Weiden für Grifflöcher	100 cm	4 mm
12	Weiden, weiß, für Wulstkimme	160 cm	6,5 mm
10	Deckelstöcke, weiß	45 cm	8 mm
2	Deckelaufbruchweiden	140 cm	5 mm
4	Weidenspitzen	80 cm	3,5 mm
12	Kimmweiden, braun	80 cm	3,5 mm
20	Deckelschichtweiden, weiß	120 cm	4,5 mm
40	Abschnitte oder kurze Weiden für Deckelrand	100 cm	4 mm
1	Griffweide	140 cm	5,5 mm

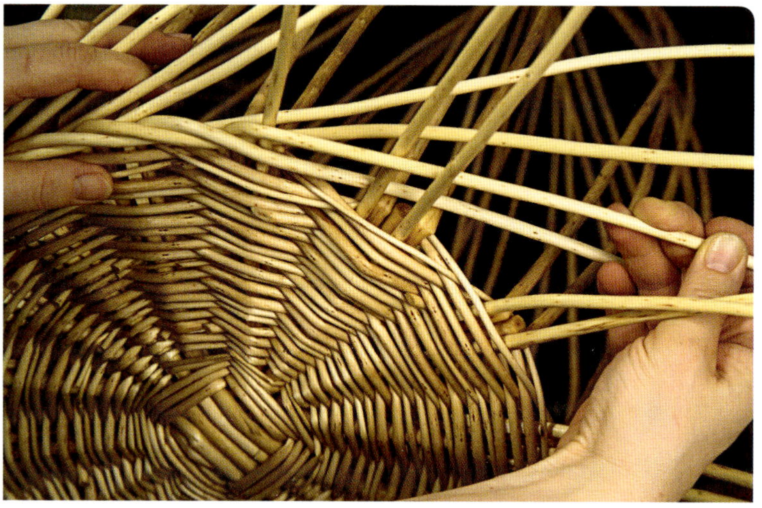

Flechtweide beim Gänsefuß.

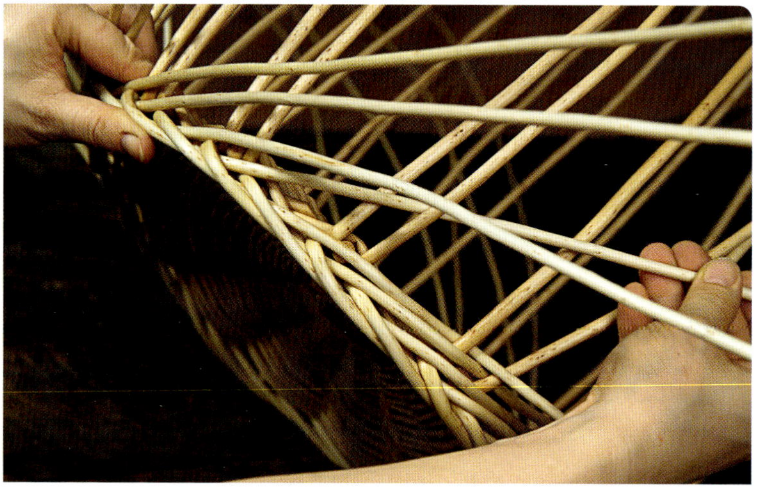

Nach dem Kimmschlag gehen Sie in die Flechttechnik Schicht über.

nächste Runde wird mit einem **Kimmschlag** gestaltet.

Jede Weide verläuft *vor zwei Staken / hinter eine Stake / nach vorne* (siehe unteres Foto). Wie beim Flechten einer Schicht greifen Sie dabei nach links und arbeiten in Flechtrichtung nach rechts. Zu Beginn der Runde entstehen drei Geflechtspaare, die Sie am Ende der Runde auflösen. Nach dieser einen Runde mit Kimmschlag flechten Sie in der Flechtart Schicht weiter mit der Schlagzahl *vor eine Stake / hinter eine Stake.*

PRAXISTIPP FÜR FORTGESCHRITTENE

Eine weitere Variante des Kimmschlages beim Gänsefuß lautet: *vor drei Staken / hinter zwei Staken.* Hier ist das Führen der Staken etwas schwieriger, aber der Flechtschlag sieht sehr dekorativ aus.

Nach der ersten Schichtrunde müssen Sie sehr sorgfältig mit dem Schlageisen klopfen, damit Fuß und Kimmschlag fest sitzen. Die Schicht wird nun bis zu den Weidenspitzen ausgeflochten.

Wichtig! Achten Sie während des Flechtens immer auf einen senkrechten und ebenmäßigen Verlauf der Staken. Kontrollieren Sie außerdem regelmäßig Höhe und Durchmesser mit dem Meterstab, um **Maßabweichungen** ausgleichen zu können.

Nach jeder der ersten drei Schichten flechten Sie als **gestaltende Zwischenkimme** eine Dreierkimme ein (siehe Seite 65). Durch Stärke und Farbe der Kimmweiden beeinflussen Sie das Musters des Korbes.

Nachdem Sie sich mit der zweiten und dritten Schicht und den dazugehörigen Zwischenkimmen auf eine Höhe von 48 cm gearbeitet haben, wird die vierte und letzte Schicht eingelegt. Statt einer Dreierkimme arbeiten Sie nach Beendigung der vierten Schicht eine **Fitze**.

Sie beginnen wie gewohnt mit den Spitzen, setzen mit dem Stammende wieder an und flechten die Fitzweiden bis zur Spitze aus. Beachten Sie dabei, dass der Ansatz der Weiden nicht an der Stelle zu liegen kommt, an die später die Grifflöcher gesetzt werden.

Die Grifflöcher: Um den fertigen Wäschebehälter geschickt transportieren zu können, werden aufgesetzte Griffe oder eingearbeitete Grifflöcher benötigt. Bei diesem Modell wollen wir die klare Form des Zylinders nicht mit erhöhten Griffen stören und entscheiden uns für eingearbeitete Grifflöcher.

Um die Grifflöcher zu markieren, orientieren Sie sich am Bodenkreuz. Die beiden mittleren der vier durchgesteckten Bodenstöcke weisen den Weg zu den dazugehörigen vier Staken. Diese Staken verfolgen wir nach oben bis zur Fitze. Links neben die linke äußere und rechts neben die rechte äußere Stake stecken Sie eine angespitzte **Zusatzstake** ein. Dies dient der Verstärkung der Grifflöcher auf beiden Seiten.

Wählen Sie zum Flechten des Griffloches etwas **dünnere Weiden**, damit während des Flechtens die Staken gut senkrecht gehalten werden können. Es eignen

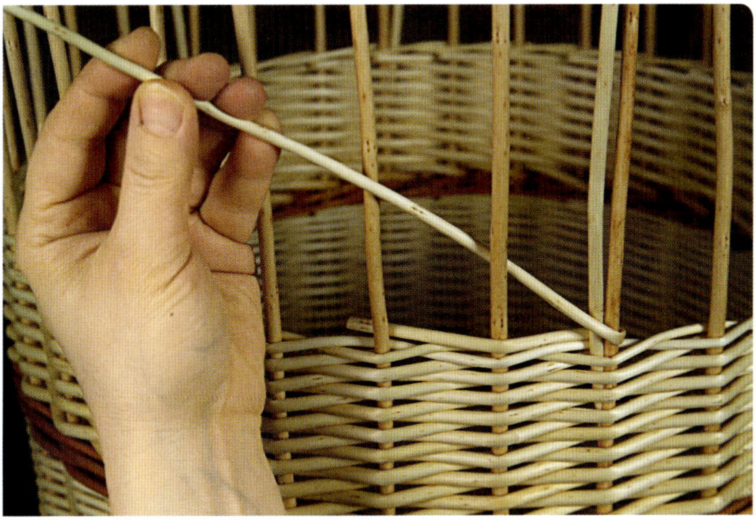

So beginnen Sie mit dem Flechten des Griffloches.

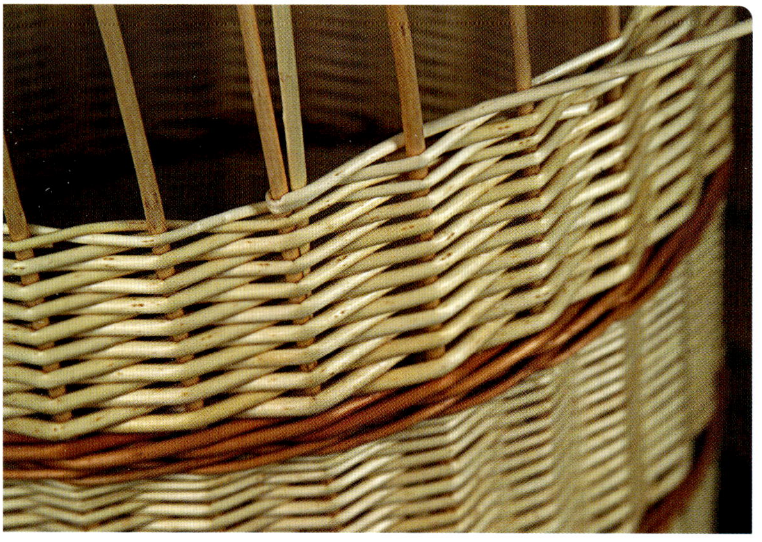

Griffloch – zweiter Teil.

sich auch längere Abschnitte. Sie beginnen links des ersten Griffloches und legen die erste Weide mit dem Stammende in den Abstand zwischen erster und zweiter Stake neben der Doppelstake ein, führen sie vor eine Stake und um die Doppelstake wieder nach vorne und im dritten Abstand wieder nach innen (siehe Foto Seite 93).

Diese erste Weide läuft also nur eine sehr kurze Strecke. Die nächste Flechtweide wird in den vierten Abstand, von der Doppelstake aus gezählt, eingelegt, wandert nach rechts bis zur Doppelstake, umgeht diese jetzt zweimal, und wird wieder *vor eine Stake / hinter eine Stake / nach links* bis zum nächsten freien Abstand geflochten.

Nun erkennen Sie schon eine keilartige Erhöhung, die links niedrig und rechts am Griffloch höher ist. Die letzte Weide innerhalb dieses Keils wird im dritten Abstand rechts neben der linken Doppelstake des gegenüberliegenden Griffloches eingelegt und endet auf dem Rückweg im zweiten Abstand vor der linken Doppelstake.

Die Höhe des Griffloches ist abhängig von der Stärke der Flechtweiden. Je stärker die Weiden, desto höher das Griffloch. Jetzt müssen Sie die zweite Hälfte Griffloches mit dem nächsten Keil ausflechten. Sie legen die nächste Weide in den Abstand links neben der ersten linken Doppelstake ein und flechten immer *vor eine Stake / hinter eine Stake* nach links, bis zur rechten Doppelstake des gegenüberliegenden Griffloches, umfahren diese einmal (siehe Foto oben) und flechten wieder zurück bis zum zweiten Abstand neben der ersten Doppelstake.

Dort lassen Sie das Ende der Weide vorerst nach vorne herausschauen. Sollte die Weide während des Weges zu Ende gehen, setzen Sie eine neue Weide an, die den Weg vollendet.

Die zweite Weide wird im dritten Abstand links neben der ersten Doppelstake eingesetzt und ebenfalls nach links geführt, dort doppelt um die Doppelstake gewunden und zurückgeflochten. Die Wege werden jetzt immer kürzer, bis auch hier die gewünschte Griff-

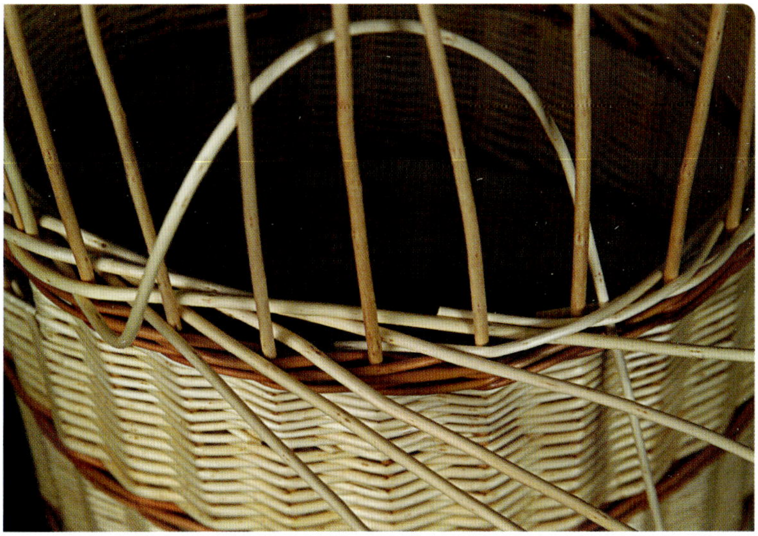

Beim Verziehen der Wulstkimme sollen keine unschönen Knicke entstehen.

lochhöhe erreicht ist. Alle nach außen stehenden Weidenenden werden nun rechts neben der Stake an der sie liegen abgeschnitten.

Das zweite Griffloch auf der anderen Seite wird in der gleichen Weise gearbeitet.

Wichtig! Beginnen Sie ebenfalls *links* vom zweiten Griffloch! Dies ist sehr wichtig, da nur so die Struktur des Geflechts der einer Schicht gleicht!

Zum Abschluss der Grifflöcher flechten Sie wieder eine **Dreierkimme** und klopfen sie vorsichtig eben.

Die **Wulstkimme** im Inneren des Korbes hat die Aufgabe den Deckel zu tragen und ihn am Hineinfallen zu hindern. Dazu muss die Kimme eine entsprechende Stärke aufweisen, die den inneren Durchmesser des Korbes verkleinert.

Sie benötigen zwölf recht **starke Weiden** der Länge 180 cm. Der Beginn der Kimme darf nicht auf den ausgesparten Grifflöchern liegen, denn dort stören die Enden der Kimmweiden beim Hineingreifen. Von den ersten sechs Weiden wird die Spitze soweit abgeschnitten, dass die Weiden um den halben Korb reichen. Legen Sie die Kimme mit dem schwächeren Ende ein und flechten Sie mit der Schlagzahl *vor zwei Staken / hinter vier Staken*. Im Inneren des Korbes kommt dabei der längere Schlag der Kimme zu liegen und bildet im weiteren Verlauf die Wulst.

Mit den ersten sechs Weiden flechten Sie bis zur gegenüberliegenden Seite, dort setzen Sie die nächsten sechs Weiden mit dem Stammende ein und klopfen sie fest.

Wichtig! Schneiden Sie die Spitzen dieser Weiden erst nach dem Festklopfen ab!

Verflechten Sie die Weiden dann wieder bis zum Beginn der Runde.

Um eine geschlossene Wulstkimme zu erhalten, verziehen Sie die Spitzen nun in den Anfang der Runde. Die erste Spitze liegt im selben Abstand direkt neben der ersten eingelegten Weide. Die zweite Spitze liegt im Abstand rechts daneben, direkt neben der zweiten eingelegten Weide und unter der

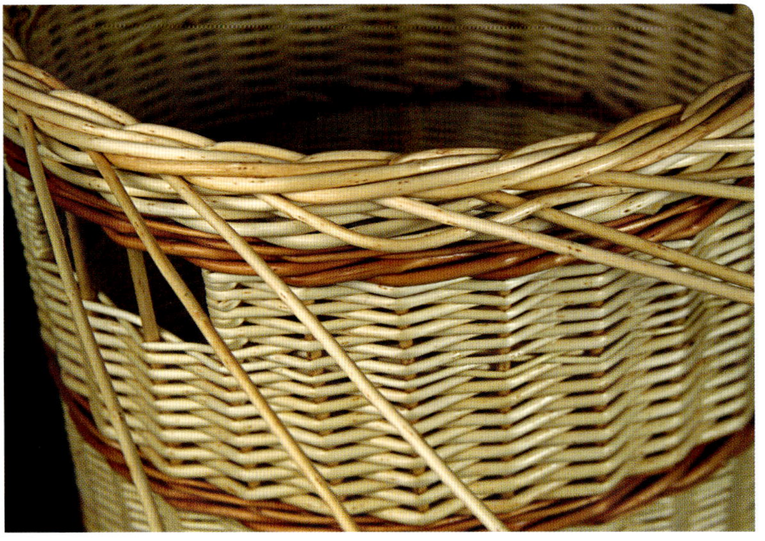

Ein seitlicher Einschlag ziert den Korb.

davor liegenden ersten Weide (siehe Foto Seite 95).

In diesem System werden alle sechs Spitzen je einmal verzogen. Führen Sie die Weiden immer in Flechtrichtung nach rechts, damit keine unschönen Knicke entstehen.

Direkt auf die Wulstkimme flechten Sie eine geschlossene Dreierkimme. Beginnen Sie dort mit der Dreierkimme, wo die starken Enden der Wulstkimme liegen. Dieses Vorgehen gleicht die Höhen der Kimmen geschickt aus. Es wird *vor zwei Staken / hinter eine Stake* geflochten.

Das System gleicht dem der Wulstkimme: Schneiden Sie die Spitzen der ersten drei Weiden ab und flechten die Weiden bis zur gegenüberliegenden Seite. Dann setzen Sie die nächsten Weiden mit den Stammenden an und verziehen diese am Ende der Runde im Beginn der Kimme.

Wässern Sie zu Beginn des **Zuschlages mit vier Paaren und seitlichem Einschlag** den Korb nochmals und legen dann vier aufeinander folgende Staken *hinter eine Stake / nach vorne*. Der Beginn *hinter eine Stake* trägt nicht so stark auf und der Deckel passt so später gut in den Korb hinein. Im weiteren Verlauf flechten Sie *vor drei Staken / hinter eine Stake / nach vorne*.

Nach dem **Verziehen** des Zuschlages werden die nach vorn stehenden Weidenspitzen noch nicht abgeschnitten, sondern in einem **seitlichen Einschlag** verflochten. Eine beliebige Weide beginnt und läuft unter die nächste Weide und über die übernächste Weide, wo sie, nach unten zeigend, liegen bleibt (siehe Foto oben).

Rundherum entsteht so ein schöner Rand zur Zierde. Gehen Sie beim Abschneiden der übrigen Weidenspitzen sehr vorsichtig vor, damit Sie die Spitzen nicht zu kurz schneiden. Der kleine Rand würde dann wieder aufgehen. Putzen Sie danach den Korb sorgfältig aus!

Der Deckel: Für den Deckel benötigen Sie zehn Deckelstöcke der Länge 45 cm. Für das **Deckelkreuz** werden insgesamt fünf Stöcke geschlitzt und fünf durchgesteckt.

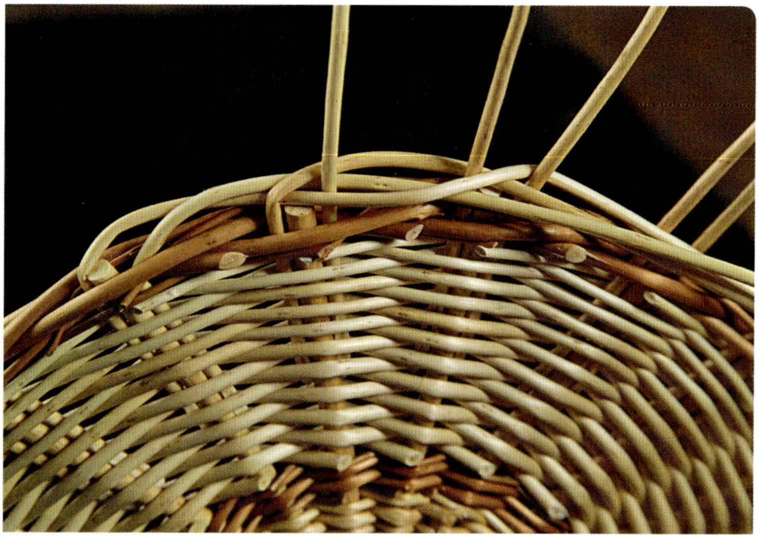

Deckelzuschlag: Jede Weide verläuft hinter zwei / vor zwei / hinter eins / nach vorne.

Wichtig! Achten Sie auf eine gleichmäßige Verteilung der starken und schwachen Deckelstockenden. Zum **Aufbrechen** des Deckels flechten Sie zuerst drei Runden in der Flechtart **Fitze** (siehe Seite 47).

In der vierten Runde teilen Sie die fünf Stöcke in zwei Paare und einen einzelnen Stock, der zwischen den Paaren liegt. Nach zwei weiteren Runden vereinzeln Sie alle Paare und fitzen den Deckel bis zu einem Durchmesser von 12 cm. Wie beim Flechten eines Bodens schauen Sie auch hier immer auf die Oberseite des Flechtwerkes.

Nach dem Aufbruch mit Fitze wird zur Zierde eine **Dreierkimme** aus braunen Weiden eingeflochten (siehe Seite 65). Legen Sie dann mit 120 cm langen, weißen Weiden eine **Schicht** in den Deckel ein. Gehen Sie dabei wie in der Flechtanleitung für den Boden des Obstkorbes auf Seite 63 beschrieben vor.

Beim Flechten der Schicht zeigen die Weiden nach vorne, nach Fertigstellung der Schicht schneiden Sie die Enden der

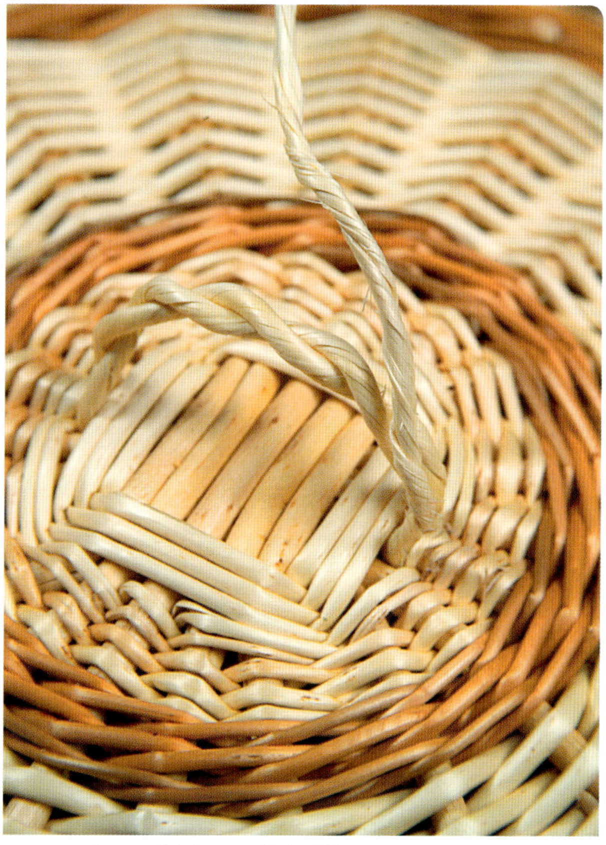

Letzter Akt: Der kleine Deckelgriff.

Weiden jedoch so ab, dass sie auf der Unterseite des Deckels liegen. Als nächstes legen Sie wieder eine Dreierkimme mit braunen Weiden ein und flechten diese bis zu den Spitzen aus. Die überstehenden Deckelstockenden schneiden Sie ab. Nach der braunen Dreierkimme sollte der **Deckeldurchmesser** 2 cm kleiner sein als der Innendurchmesser des Korbes, damit er dann inklusive Zuschlagesrand optimal passt.

Zum Abschluss des Deckels stecken Sie pro Deckelstockende zwei Zuschlagesweiden ein, mit denen ein Zuschlagesrand geflochten wird.

Beim Flechten schauen Sie auf die Oberseite des Deckels. Für den **Zuschlag mit drei Paaren** legen Sie zu Beginn drei der Staken jeweils hinter zwei Staken um.

Mit der linken nach vorn zeigenden Weide flechten Sie *vor zwei Staken / hinter eine Stake / nach vorne* (siehe Foto Seite 101 oben) und legen die links stehende Stake hinter zwei Staken dazu. Das erste von drei Paaren ist entstanden. Arbeiten Sie nun in dieser Systematik den Zuschlag zu Ende.

Der kleine Deckelgriff: Den kleinen Deckelgriff arbeiten Sie mit nur einer Weide und **ohne Weideneinlage**. Legen Sie sich den Deckel mit der Oberseite nach oben auf den Schoß. Die gespaltenen Deckelstöcke liegen waagerecht, die gesteckten Deckelstöcke senkrecht.

Die angeschalmte **Griffweide** wird rechts neben dem mittleren gesteckten Deckelstock, unter die ersten drei Anfangsrunden und in die geschlitzten Deckelstöcke, eingesteckt. So verankert drehen Sie nun die Weide von der Spitze her auf und legen den **Griffbogen** zur anderen Seite. Dort stecken Sie die Spitze der Weide links neben dem Mittelstock nach unten und kommen rechts daneben wieder auf die Oberseite.

Unter dem Bogen durch legen Sie die Weide mit zwei Umschlingungen wieder zur anderen Seite. Dabei sollen sich die Weiden richtig miteinander verdrillen. Auf der anderen Seite stecken Sie die Weide links neben dem Mittelstock auf die Unterseite und rechts davon wieder nach oben durch (siehe Foto Seite 97).

Folgen Sie dem Bogen wieder auf die andere Seite und verziehen die Weidenspitze so unsichtbar wie möglich im Deckelgeflecht. Das Ende zeigt auf die Unterseite des Deckels und wird abgeschnitten. Nun probieren Sie die Passform Ihres Deckels aus! Ab jetzt ist Ihre Wäsche perfekt verpackt!

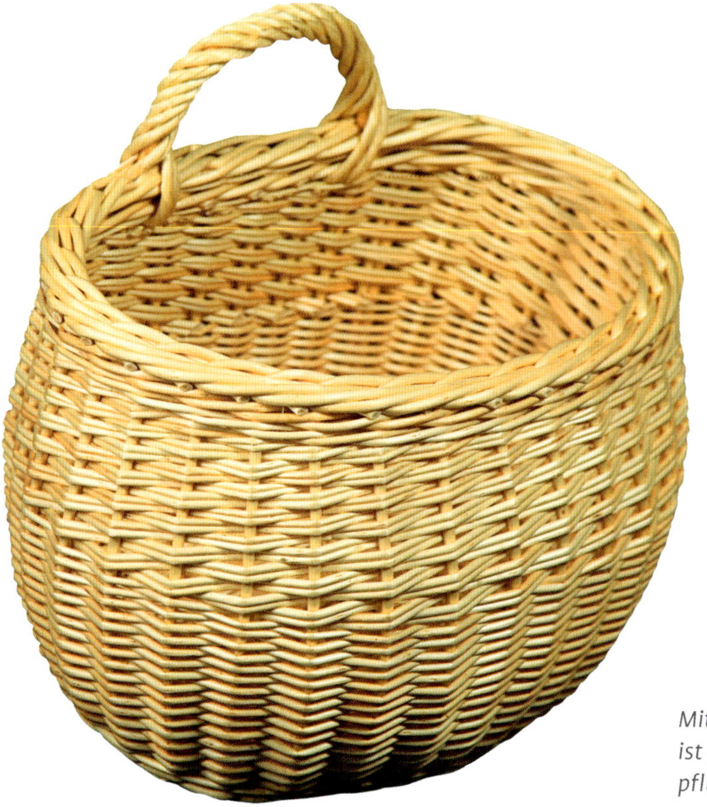

Mit diesem Helfer ist gut Kirschen pflücken!

Kirschenkorb

Körbe für die Kirschenernte gibt es in den unterschiedlichsten Größen und Formen. Je nach Kirschengebiet schwören die Ortsansässigen auf ihre traditionelle Form und wünschen Neuanfertigungen genau nach ihrem Muster. Es gibt runde und ovale Körbe, mit einem oder zwei Griffen oder auch mit Henkel. Die Einen hängen den Korb bei der Ernte an die Leiter, die Anderen mit einem Gürtel um den Bauch und manchen gefallen die Körbchen auch einfach als Dekoration! Wir stellen Ihnen eine Kirschenkorbform vor, die im schwäbischen Metzingen sehr beliebt ist.

Außenmaße: Boden: 20 cm × 14 cm, Korbhöhe: 23 cm, obere Länge: 30 cm, obere Breite: 22 cm.

Der Boden: Der Boden für dieses gebauchte Körbchen ist kein gleichmäßiges Oval, sondern die besondere Form des Korbes wird schon im Boden entsprechend angelegt. Eine Längsseite ist gerade, an der anderen wird eine **Wölbung** aufgeflochten.

Für den Boden benötigen Sie drei lange und sechs kurze Bodenstöcke. Die typische schwäbische Art ist, die langen Bodenstöcke zu schlitzen, wie Sie es auch schon am ovalen Henkelkorb (siehe Seite 70) und am Waschkorb (siehe Seite 79) kennen gelernt haben. Auch am Kirschenkorb wird es üblicherweise so gemacht.

In dieser Flechtanleitung zeigen wir Ihnen eine weitere Möglichkeit des **ovalen Bodenaufbruchs**. Bei dieser Bodenvariante werden die kurzen Bodenstöcke

Materialliste für einen Kirschenkorb aus weißen Weiden

Anzahl	Art	Länge	Stärke
3	Bodenstöcke	26 cm	7 mm
6	Bodenstöcke	20 cm	7 mm
2	Weidenschienen		5 mm
ca. 10	Weiden zum Bodenflechten	100 cm	3,5–4,0 mm
4	Fußkimmweiden	120 cm	5 mm
32	Staken	140 cm	5,5 mm
12	Kimmweiden	140 cm	5 mm
32	Schichtweiden	120 cm	4,5 mm
64	Schichtweiden	50 cm	3,5 mm
1	Griffbogen	50 cm	8 mm
2	Griffweiden	160 cm	5,5 mm

geschlitzt und die langen durchgesteckt.

Beim **Einwickeln** der langen Stöcke arbeiten Sie, wie schon beim Waschkorb beschrieben, von links nach rechts. Einziger Unterschied: die langen Stöcke werden alle gemeinsam umwickelt. Schlitzen Sie also alle sechs kurzen Bodenstöcke auf und stecken die langen Bodenstöcke durch. Der Abstand der linken zur rechten äußeren **Querlage** beträgt 8 cm, die Querlagen liegen paarweise.

Diesen kleinen ovalen Boden können Sie mit einer **Fitze** aufbrechen und ausflechten. Dazu schalmen Sie zwei Weiden lang an und stecken sie auf der Unterseite des Bodens in Längsrichtung unter die **Weidenschienen** ein. Biegen Sie nun die linke über die rechte Weide – drehen Sie die Weiden dabei leicht an – und führen Sie sie auf die Oberseite des Bodens. Die Weide liegt jetzt auf den drei langen Bodenstöcken und zeigt vor den ersten Querlagen leicht nach unten. Fassen Sie mit der rechten Hand die andere Weide und führen Sie die Weide in diesen Abstand nach oben und nach dem ersten Querlagenpaar wieder nach unten. Damit haben Sie die Fitze begonnen und arbeiten in der schon gewohnten Technik *vor einen Bodenstock / hinter einen Bodenstock* weiter. Nach drei Runden brechen Sie die drei Längslagen sowie die Querlagenpaare links und rechts in einzelne Stöcke auf. Das mittlere Querlagenpaar bleibt zusammen. Dabei arbeiten Sie weiter in der Fitzentechnik.

Wenn die Bodenlänge etwa 15 cm beträgt, beginnen Sie an einer Längsseite mit dem **Aufflechten**. Eine Weide wird mit dem Stammende in den Abstand zwischen Längslage und erster Querlage eingelegt und *vor einen Bodenstock / hinter einen Bodenstock* bis zur letzten Querlage geflochten, um die Längslage geschlungen und nach links zurückgeflochten. Die geflochtene Strecke verkürzen Sie jedes Mal um einen

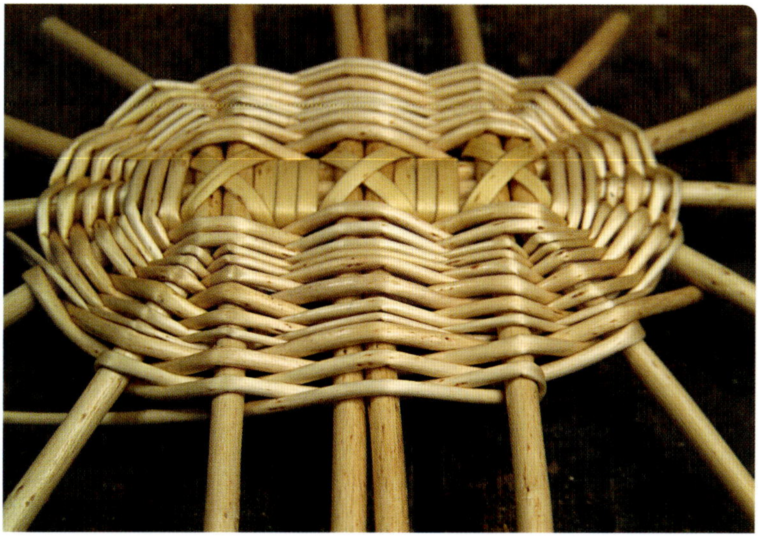

Die Auswölbung am Boden des Kirschenkorbes entsteht.

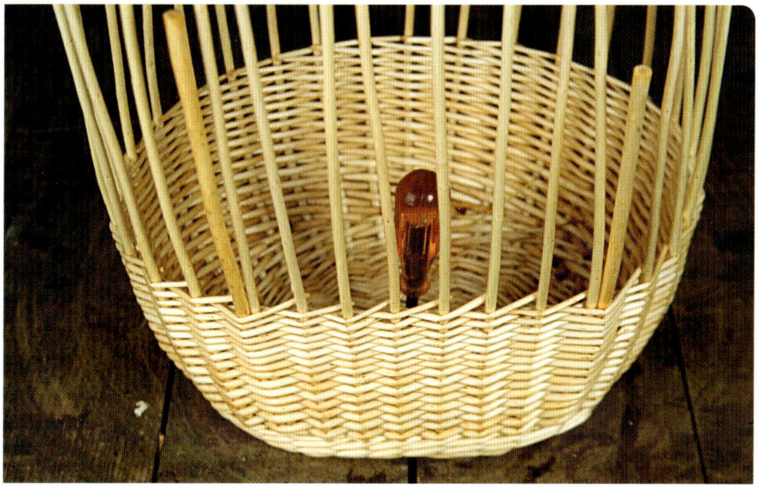

Angeschalmte Weidenstöcke dienen der Begrenzung der geraden Seite.

Bodenstock (siehe oberes Foto), sodass an der ehemals geraden Seite eine **Auswölbung** entsteht.

Diese Seite wird später die gebauchte Seite des Korbes werden. Die Auswölbung ist beendet, wenn die Weidenspitze sich in der Mitte der Strecke befindet. Ab jetzt wird der Boden wieder mit einer **Fitze** (siehe Seite 73) auf die gewünschte Größe von 20 cm × 14 cm geflochten. Mit dem Schlageisen können Sie an der geraden Seite die Form noch klopfen.

Für einen **sehr eng aufgestakten Korb** benötigen Sie 32 Staken. Um sich das Flechten zu vereinfachen, können Sie auch nur 28 Staken einstecken. Dafür lassen Sie am mittleren langen Bodenstock auf jeder Seite eine Stake weg, sowie auf der geraden Längsseite an den jeweils äußeren Querlagen. Wir beschreiben die klassische Variante mit 32

Staken. Nach dem **Einstecken** der Staken knicken Sie diese etwa 0,5 cm vom Bodenrand entfernt ab, nehmen sie hoch und binden die Staken zusammen.

Der Korbfuß: Zur Fußbildung wählen wir eine **Variante des Kimmfußes**. Sie benötigen vier Weiden, die Sie an der geraden Seite links neben vier Staken einstecken und nach vorne zu sich hin biegen. Sie schauen jetzt auf die Unterseite des Bodens!

Mit der linken Weide beginnen Sie die Kimme mit der Schlagzahl *vor drei Staken / hinter einer Stake / nach vorne*. Flechten Sie die Runde vollständig, bis die linke Kimmweide neben der ersten eingesteckten Kimmweide zu liegen kommt. Klopfen Sie nun die Staken mit dem Schlageisen gut in den Boden ein.

Die linke Kimmweide wird abgeschnitten und mit den übrigen drei Weidenspitzen flechten Sie eine **Dreierkimme** (siehe Seite 74) *vor zwei Staken / hinter eine Stake / nach vorne*. Spätestens jetzt befestigen Sie den Korb auf Ihrem Arbeitsbrett.

Der Korbrumpf: Für das exakte Ausarbeiten der Korbform flechten Sie nun noch mal eine Dreierkimme.

PRAXISTIPP
Achten Sie beim Ausrichten der Staken auf die gerade Haltung an der geraden Seite und die nach außen gebauchte auf der gerundeten Seite. Dieses Formen der Staken bedarf einiger Übung, je häufiger Sie es versuchen umso besser wird das Ergebnis!

Bevor Sie mit dem Einlegen der **Schicht** beginnen, stecken Sie die bereitgelegten und angeschalmten Weidenstöcke als **Begrenzung** der geraden Seite ein. Links der linken und rechts der rechten Stake stehen so acht Staken zwischen den Weidenstöcken (siehe Foto Seite 101 unten). Diese Begrenzung hilft die Seite gerade zu halten. Nun legen Sie die erste Schicht ein und flechten diese ganz aus (siehe Seite 50).

Die zweite Schicht gestalten wir für diesen Kirschenkorb als **mehrweidige Schicht**. Für den Korbflechter ist diese Flechtart eine gute Gelegenheit, um Abschnitte von anderen Körben sinnvoll zu verwerten.

PRAXISTIPP FÜR FORTGESCHRITTENE
Für eine besonders raffinierte mehrweidige Schicht legen Sie mit den ersten 32 Weiden eine Schicht ein. Nun schaut aus jedem Abstand eine Weide hervor. Nehmen Sie die erste der nächsten 32 Weiden und legen diese auf eine beliebige Weide der ersten Runde. Nun flechten Sie mit diesen beiden den nächsten Schlag *vor eine Stake / hinter eine Stake / nach vorne*. Die nächste Weide legen Sie auf die links davon liegende Weide und verfahren genauso. Ringsherum wird nun auf diese Weise eingelegt und das jeweilige Weidenpaar sofort verflochten. Beachten Sie am Ende der Runde das korrekte Einhalten des Musters!

Bei der mehrweidigen Schicht können Sie die Weiden auf zwei verschiedene Arten **einlegen**. Die übliche Technik ist, statt in jeden Abstand eine Weide einzulegen wie bei einer normalen Schicht, gleich zwei Weiden zu nehmen und diese miteinander einzulegen. Die andere Technik für eine mehrweidige Schicht ist etwas raffinierter und aufwändiger (siehe Praxistipp für Fortgeschrittene).

Mit der mehrweidigen Schicht gewinnt der Korb schnell an Höhe.

Wichtig! Achten Sie beim Klopfen mit dem Schlageisen darauf, dass die Weiden nicht übereinander rutschen.

Nach Beendigung der Schicht arbeiten Sie eine oder auch zwei **Viererkimmen** (siehe Seite 51), je nach bis dahin erreichter Höhe. Ein **Zuschlag mit vier Paaren** (siehe Seite 52), begonnen an der geraden Seite des Korbes, beschließt das Kirschenkörbchen.

Nun bringen Sie noch den **Griff** an, wie er beim Gartenkorb beschrieben ist (siehe Seite 58ff) und ein schöner Gebrauchskorb – nicht nur für die Kirschenernte – bereichert Ihren Haushalt!

Oberflächen-behandlung

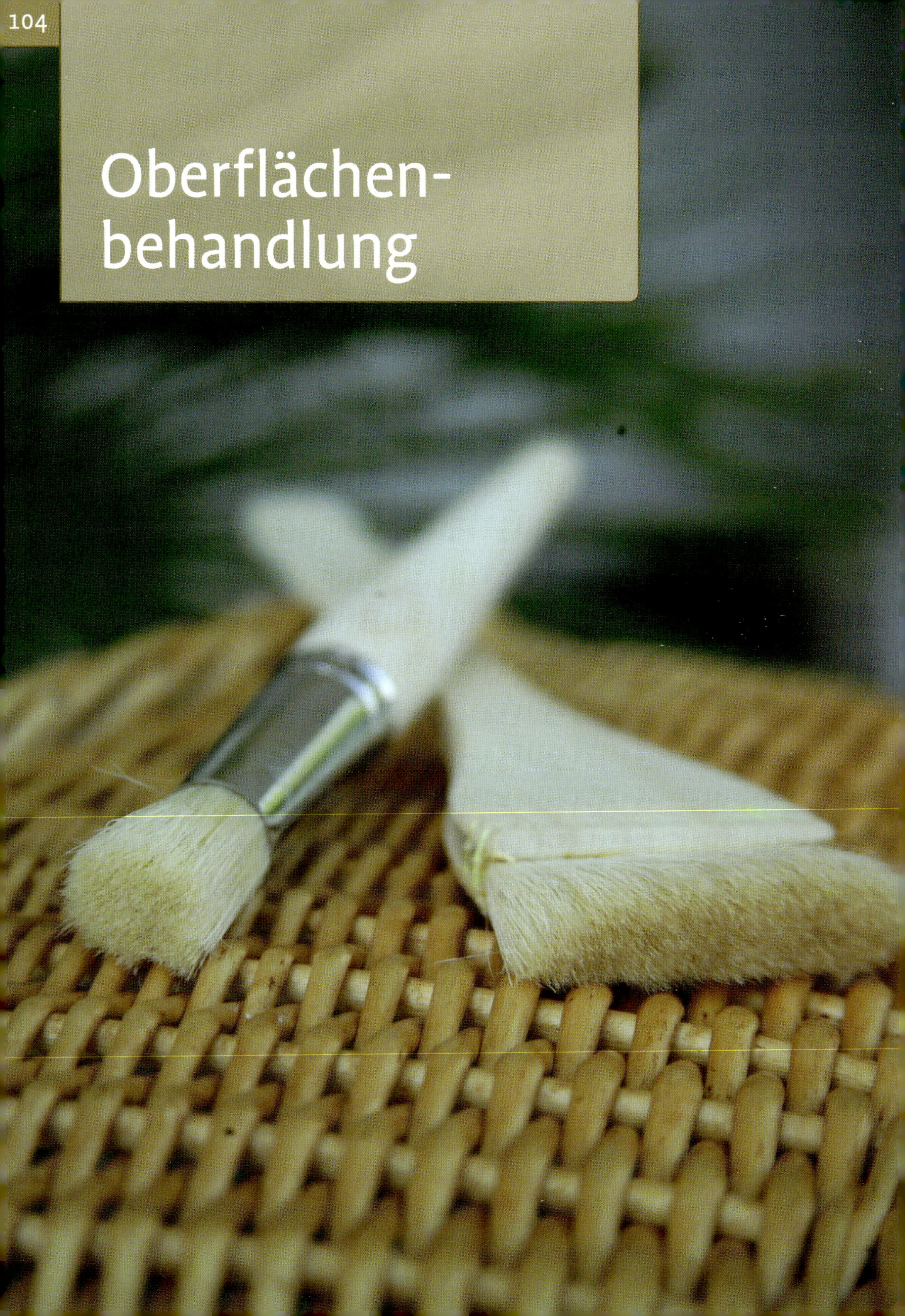

Wir möchten Ihnen an dieser Stelle übliche Verfahren für die Oberflächenbehandlung der Korbwaren vorstellen, die in der **Berufspraxis** angewendet werden. Im **Hobbybereich** wird jedoch meist auf den Einsatz von Chemikalien verzichtet, da die Bevorratung der entsprechenden Mittel und die Verwendung als zu aufwendig empfunden werden. Sollten Sie Interesse an der Weiterbehandlung Ihrer selbst hergestellten Körbe haben, finden Sie auf den folgenden Seiten Empfehlungen, die Sie ausprobieren können.

Fasern entfernen

EMPFEHLUNG
Dieses Verfahren ist gut für Hobbyflechter geeignet!

Während des Flechtens entstehen manchmal abstehende Fasern der Weide, die Sie mit der Hand erspüren können. Mit einem im Handel erhältlichen **Gaskartuschengerät** können Sie diese Fasern abflammen bzw. abbrennen. Bitte üben Sie den Umgang mit diesem Gerät an einem alten Flechtwerk, damit Ihr eigener Korb keinen Schaden nimmt.

Wichtig! Achten Sie beim Abflammen darauf, dass Sie die Flamme schnell über das Geflecht hin und her bewegen, um ein Ansengen der Weiden zu vermeiden. Ein sachgemäßer Umgang mit dem Gaskartuschengerät und offenem Feuer ist unbedingt Voraussetzung! Leicht aufgeplatzte Weiden, schlecht abgeschnittene Stammenden oder übrig gebliebene Fasern können mit feinkörnigem **Schleifpapier** abgeschliffen werden.

Bleichverfahren

Um den Korb farblich zu verändern oder ihn vor Umwelteinflüssen zu schützen, kann er jetzt auf unterschiedlichste Art und Weise weiterbehandelt werden. Bleichverfahren hellen das Flechtwerk auf und unschöne dunkle Stellen können ausgebleicht werden. Für den Hobbyflechter eignet sich besonders das Bleichen mit Zitronensäure. Das etwas aufwendigere Schwefelverfahren ist für den Laien nur bedingt sinnvoll.

Schwefeln

Das Schwefeln ist eine althergebrachte und noch heute verwendete Technik um das Geflecht eines Korbes zu bleichen. **Naturgeschälte Weiden** können sich mit der Zeit gelblich verfärben, sie werden durch Schwefeln wieder weiß. Zum Schwefeln besitzt der Korbmacher **eine Schwefelkammer** oder eine im Außenbereich aufgestellte **Holzkiste**, die dicht verschlossen werden können. Dort werden die mit Wasser benetzten Körbe auf Holzleisten hineingestellt.

Der Schwefel wird in ein feuerfestes, offenes Gefäß gegeben, in sicherer Entfernung von den Körben in eine Ecke der Kiste gestellt und angezündet. Der Deckel muss sofort geschlossen werden. Das beim Verbrennen des Schwefels entstehende Gas kann nun gut um die Körbe zirkulieren. Der Schwefel verbindet sich mit Sauerstoff zu **Schwefeldioxid** und auf den feuchten Körben entsteht durch Reaktion mit Wasser **Schwefelsäure**, die den Korb ausbleicht. Korbwaren, an denen sich Nägel oder sonstige Metallteile befinden, dürfen nicht geschwefelt werden, da sich an diesen Stellen aufgrund chemischer Prozesse schwarze Flecken bilden. Am nächsten

Tag lüftet der Korbmacher in Schutzkleidung die Kiste oder Schwefelkammer und nimmt die gebleichten Körbe heraus.

EMPFEHLUNG
Wenn Sie über die Chemikalien und Vorrichtungen zum Schwefeln verfügen, spricht nichts dagegen, diesen Vorgang mit entsprechender Vorsicht auszuprobieren. Im Regelfall wird das Schwefeln im Hobbybereich jedoch kaum angewandt.

Die beim Schwefeln entstehenden Dämpfe wirken **ätzend** und riechen übel – direktes Einatmen sollte vermieden werden. Schwefel ist im reinen Zustand ein geruchloses **Nichtmetall** mit gelblicher Farbe, er kann in Brocken, Stangen oder als Pulver gekauft werden. Er ist auch in präparierten Pappstreifen erhältlich. Die Anwendung ist jedoch bei allen Arten stets die gleiche. Kaufen kann man Schwefel in Apotheken.

Oxalsäure

Geschälte Weiden werden durch langes Lagern oder häufiges Einweichen dunkler. Die Behandlung mit Oxalsäure verleiht den Weiden wieder ein frisches Aussehen. Mit diesem Bleichverfahren können **geschälte** und auch **gesottene Weiden** wieder aufgehellt und dunkle Stellen entfernt werden.

Oxalsäure wird oft als **Kleesalz** bezeichnet, was chemisch gesehen nicht korrekt ist, da Kleesalz das Salz der Oxalsäure ist. Oxalsäure kommt in der Natur unter anderen im **Sauerklee** und im **Sauerampfer** vor. Oxalsäure erhalten Sie als Pulver im Fachhandel (siehe Bezugsquellen Seite 124).

Wichtig! Oxalsäure ist **giftig** und sollte daher nur mit Arbeitsschutzkleidung und Handschuhen verarbeitet werden, um die Reizung der Haut und der Schleimhäute zu vermeiden. In Wasser gelöst beträgt das übliche Mischungsverhältnis Oxalsäure zu Wasser 1:10. Zum Ansetzen der Lösung verwendet man ein säureresistentes Behältnis. Ist dieses groß genug, können die Körbe darin untergetaucht werden. Man kann die Körbe aber auch mit einer Bürste kräftig abreiben oder mit einem großen Pinsel behandeln. Danach werden die Korbwaren zum Trocknen aufgestellt.

Zitronensäure

Sicher ist Ihnen Zitronensäure aus dem Haushalt als **Entkalker** bekannt. Sie können diese Säure jedoch auch zum Bleichen von Weiden benützen.

EMPFEHLUNG
Dieses Verfahren ist gut für Hobbyflechter geeignet!

Zitronensäure eignet sich gut für den Hobbygebrauch, da sie **weniger giftig** als Schwefel oder Oxalsäure ist. Trotzdem sollten Sie auch bei der Verarbeitung von Zitronensäure mit **Schutzkleidung** und **Handschuhen** arbeiten, da sie **ätzend** ist und Haut sowie Schleimhäute reizt.

Zitronensäure können Sie als weißes Pulver in der **Apotheke** oder im **Fachhandel** (siehe Bezugsquellen Seite 124) kaufen. Setzen Sie das Pulver im Mischungsverhältnis 1:20 mit Wasser in einem säurefesten Gefäß an. Tauchen Sie die Körbe nach Möglichkeit in die Lösung. Sollten Sie kein ausreichend großes Gefäß zur Verfügung haben, können Sie das Geflecht auch mit einer Bürste oder einem Pinsel abreiben. Nach der Behandlung lassen Sie die Körbe luftig trocknen.

Räuchern

Der Vorgang des Räucherns als Oberflächenveredlung bei Körben hat nichts mit dem Räuchern von Schinken im Rauch eines offenen Feuers zu tun!

Korbwaren werden in erster Linie zum **Einfärben** des Geflechts und zum **Schutz** vor Wettereinflüssen und Schimmelpilzen geräuchert.

Diese Räucherverfahren sind sehr **zeitintensiv** und **teuer** und spielen im Hobbybereich eine untergeordnete Rolle. In der gewerblichen Korbwarenproduktion sind die Verfahren jedoch verbreitet.

Die zu räuchernden Korbwaren müssen frei von Metall sein, da sonst, ebenso wie beim Schwefeln, Flecken entstehen. Zum Ansetzen der Räucherlösung werden zwei unterschiedliche Chemikalien verwendet, die beide natürlichen Ursprungs sind: Tannin und Pyrogallol. Die Weiden können mit diesen Chemikalien in unterschiedliche Brauntöne gefärbt werden. Durch den Zusatz von Pyrocolorbeizen zur Räucherlösung können weitere Farben erzielt werden.

Tannin

Tannin ist ein Naturprodukt, welches zum größten Teil aus **Pflanzengallen** gewonnen wird. Gallen entstehen durch den Einstich von Gallwespen in Pflanzen. Als Reinstoff ist Tannin ein gelblich-braunes Pulver. Technisches Tannin kann auch dunkelbraun sein. Tannin ist leicht löslich in Wasser und sein Geruch ist schwach. Im Ansatz wird ein Teelöffel (10 g) Tannin auf ein Liter Wasser gerechnet. Räuchern mit Tannin ist die preislich günstigere Variante. Im Fachhandel kostet es rund ein Drittel weniger pro Kilogramm als Pyrogallol.

Pyrogallol

Das beim Zersetzen von Tanninen entstehende Pyrogallol ist **giftig**. Es ist ein weißes, kristallines und in Wasser gut lösliches Pulver. An der Luft reagiert es mit Sauerstoff und kann sich dadurch grau bis bräunlich verfärben.

Wie beim Tannin wird zum Ansetzen der Räucherlösung ein Teelöffel (10 g) des Pulvers auf einen Liter etwa 30 °C warmes Wasser verwendet. Auf jeden Fall muss **Schutzkleidung** getragen werden, da Pyrogallol über die Haut aufgenommen wird. Der Räuchervorgang findet in einer **Räucherkammer** oder einer geräumigen, verschließbaren Holzkiste statt. Die Körbe werden in die frisch hergestellte Räucherlösung getaucht. Das sorgfältige Tauchen und Schwenken in der Lösung bewirkt eine vollständige Benetzung des Geflechts mit der Lösung. Nicht benetzte Stellen bleiben hell, da dort die im nächsten Behandlungsschritt folgende chemische Reaktion nicht stattfindet. Dazu werden die Körbe nach dem Benetzen auf Holzleisten in die Räucherkiste gestellt. Dann wird eine 25 %ige Ammoniaklösung, auch **Salmiakgeist** genannt, in einer Glas- oder Keramikschale ebenfalls in die Räucherkiste gestellt. Die Räucherkiste wird schnell dicht verschlossen, sodass der verdunstende Salmiakgeist mit der auf den Körben befindlichen Räucherlösung reagieren kann. Diese **chemische Reaktion** bewirkt eine braune bis tief dunkelbraune Färbung.

Beim Räuchern können variable **Farbnuancen** erzielt werden. Die Menge des Salmiakgeistes richtet sich dabei nach der gewünschten Farbtiefe. Je mehr Salmiakgeist eingestellt wird, desto länger hält der Räuchervorgang an und desto stärker wird die Farbwirkung. Es muss mit Arbeitsschutzkleidung, bestehend aus Brille, Handschuhen und Atemschutz, gearbeitet werden, da Ammoniak ein stechend riechendes Gas ist, welches beim Öffnen der unter Druck stehenden Flaschen freigesetzt wird. Die Körbe werden am nächsten Tag aus der Räucherkiste genommen und gut getrocknet. Übrige Räucherlösung wird in dunklen, verschließbaren und eindeutig gekennzeichneten Glasbehältnissen aufbewahrt.

Pyrocolorbeizen

Als Zusatz zur Räucherlösung werden beim Farbräuchern Pyrocolorbeizen verwendet. Mit Tannin und Pyrogallol können nur hell bis dunkelbraune Farbtöne erzielt werden. Unter Zusatz von Pyrocolorbeizen ist es möglich in den Farben **Rot**, **Grün**, **Orange** und **Schwarz** zu räuchern.

Auf einen Liter Pyrogallollösung wird 50 ml Pyrocolorbeize gegeben. Die Farben sind nicht leuchtend sondern erscheinen in gedämpften Tönen, sodass aus Grün ein Olivgrün entsteht oder aus Rot ein Kupferrot. Ein Probevorgang ist sinnvoll um die gewünschte Tönung zu erhalten.

Oberflächenveredelung

Körbe können natürlich auch gebeizt, gewachst, geölt oder lackiert werden. Hier entscheiden immer die Vorlieben des Flechters, der vorgesehene Verwendungszweck des Korbes und natürlich der jeweilige Zeitgeist über die bestmögliche Variante. Lacke, Wachse, Beizen und Öle erhalten Sie im gut sortierten Fachhandel und bei den Adressen in der Bezugsquellenliste (siehe Seite 124) – dort erhalten Sie auch wertvolle Tipps zur Anwendung!

EMPFEHLUNG
Die verschiedenen Methoden zur Veredelung von Oberflächen sind auch für Hobbyflechter gut geeignet!

Lacke

Als Lacke sind Acryllack, Nitrolack und Schelllack zu nennen. Der **Acryllack** ist zuerst milchig weiß, mit Wasser verdünnbar und nach dem Trocknen farblos. Der Vorteil des **Nitrolackes** ist seine schnelle Trocknungsfähigkeit.

Schelllack ist ebenfalls schnell trocknend, jedoch nicht Wasser abweisend.

Zum Lackieren eignen sich hauptsächlich geschälte Weiden, aber auch bei ungeschälten ist es möglich. Der Hobbyflechter, der oft aus Liebe zu natürlichen Werkstoffen zu dieser Beschäftigung gefunden hat, wird in den meisten Fällen von einer Oberflächenbehandlung mit Lacken absehen, da er die natürliche Wirkung des Geflechts nicht beeinträchtigen will. Das Lackieren der Korbwaren dient dem Schutz des Flechtwerkes vor Witterungseinflüssen oder dem Befall von Holzwürmern.

Farbige Lacke sind natürlich Geschmackssache, sie dienen der Gestaltung und zur Dekoration. Der Nachteil, vor allem von farbigen Lacken, zeigt sich nach längerem Gebrauch durch das sichtbare Absplittern des Lackes und deutlich unschönen Stellen am Geflecht.

Wachse

Beliebte Mittel zur Oberflächenveredelung sind **Bienenwachse** und **Hartwachse**. Besonders im privaten Bereich wird gerne zu diesen natürlichen Produkten gegriffen, die einen schönen, sanften Glanz auf das Geflecht zaubern.

Das Auftragen benötigt etwas Zeit und Geduld und erfolgt meist mit einem Leinenballen oder einem weichen Tuch. Flüssige Wachse lassen sich auch gut mit einem Pinsel auftragen.

Beizen

Beizen auf Wasser- oder Spiritusbasis gibt es in vielen **Farbtönen** und Abstufungen. Oft werden größere Mengen von Korbwaren farbig gebeizt, um dem Handel immer wieder neu erscheinende Produkte anbieten zu können. Der Hobbyflechter wird in aller Regel seine Freude am selbst hergestellten Korb empfinden und auf nachträgliche farbliche Veränderung verzichten wollen.

Möchten Sie sich in den Umgang mit Beizen einarbeiten, empfiehlt es sich immer eine Probefärbung an Weiden oder einem Probekörbchen vorzunehmen. Der Auftrag der Beizen auf das Geflecht geschieht üblicherweise durch Tauchen, oder durch Auftragen mit einem Pinsel.

Öle

Bei den Ölen seien **Leinöl** und **Leinölfirnis** genannt, die sich durch eine besondere Umweltverträglichkeit auszeichnen. Reines Leinöl trocknet sehr langsam. Nach Zusetzung von Trockenstoffen entsteht Leinölfirnis.

Beide Öle können mit weichen Lappen oder mit einem Pinsel aufgetragen werden.

Wichtig! Lassen Sie benutzte Lappen nicht offen liegen, da sie sich selbst entzünden können! Bewahren Sie diese am besten in fest verschließbaren Schraubgläsern auf.

UMWELT-TIPP

Je natürlicher die verwendeten Mittel zur Oberflächenbehandlung, desto besser für die Natur!

Fundus für Fortgeschrittene

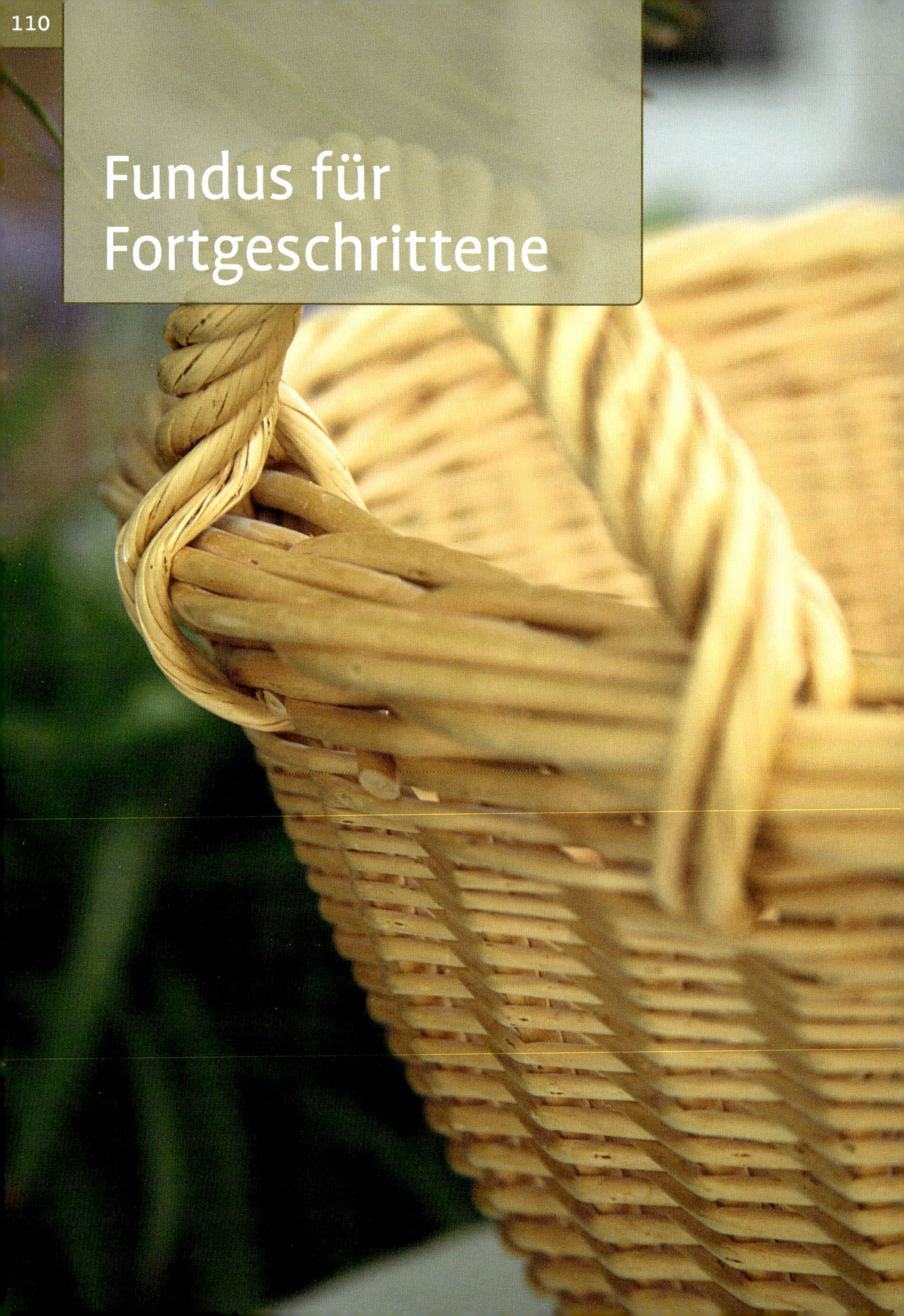

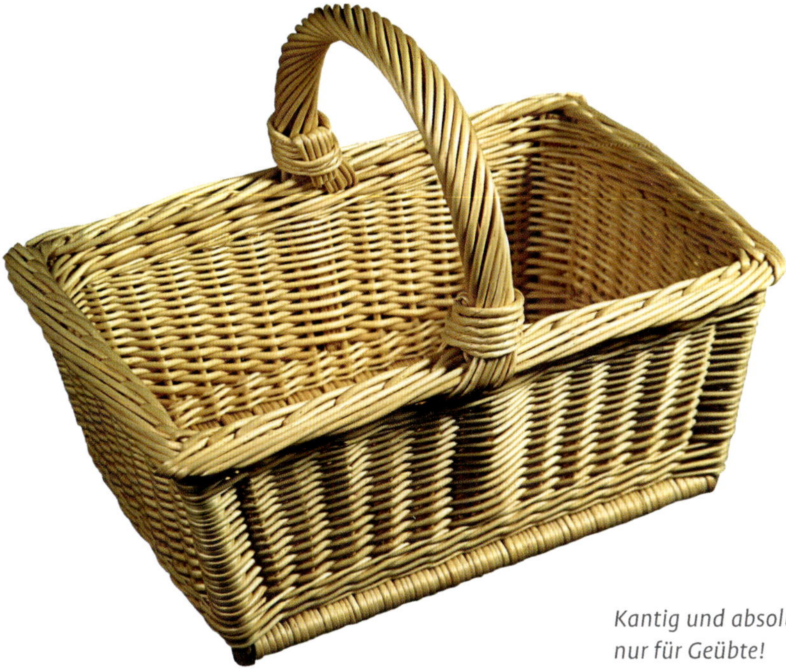

Kantig und absolut nur für Geübte!

Mit Ecken und Kanten

Der Schatz an Varianten für Flechtwerke ist groß. Durch geschickte Kombination kann ein kreativer Korbflechter seine individuelle Korb-Idee umsetzen. Eine besondere Herausforderung ist das Flechten eckiger Korbformen.

Nun haben Sie verschiedene runde und ovale Korbformen kennengelernt und sich auch schon an einer freien Form wie der des Kirschenkorbes versucht. Bestimmt sind Sie inzwischen neugierig geworden, wie denn ein **eckiger Korb** entsteht. Dieses Kapitel lässt Sie in die Herstellungsweise eines eckigen Einkaufskorbes hineinschnuppern. Wenn Sie Lust bekommen haben, einen eckigen Korb zu flechten, empfehlen wir Ihnen einen Besuch in einer Korbmacherwerkstätte in Ihrer Umgebung. Nehmen Sie sich Zeit und schauen Sie dort der Flechterin oder dem Flechter über die Schulter. Viele Tricks und Kniffe lassen sich dort abschauen und im persönlichen Gespräch, oder noch besser beim gemeinsamen Arbeiten, zum Beispiel während eines Kurses, lernt es sich am leichtesten!

Für die Herstellung des **eckigen Bodens** benötigen Sie als Hilfsmittel eine **Einspannvorrichtung**, in der zwei Profilleisten aus Holz mit mittig sitzender Nut eingeklemmt werden. Zwischen diese Nutleisten werden weitere glatte Holzleisten gestellt. Das ganze erinnert an einen Zaun und das Ausflechten des Bodens ist auch identisch mit dem Flechten eines Zaunes. Die Geflechtsart wird dementsprechend **Zäunergeflecht** genannt. Bei diesem Geflecht wird immer eine Weide *vor eine Leiste / hinter eine Leiste* ganz verflochten (siehe Foto Seite 112 oben).

Nach dem Aufstaken – die Staken werden an der Längsseite in die Nut

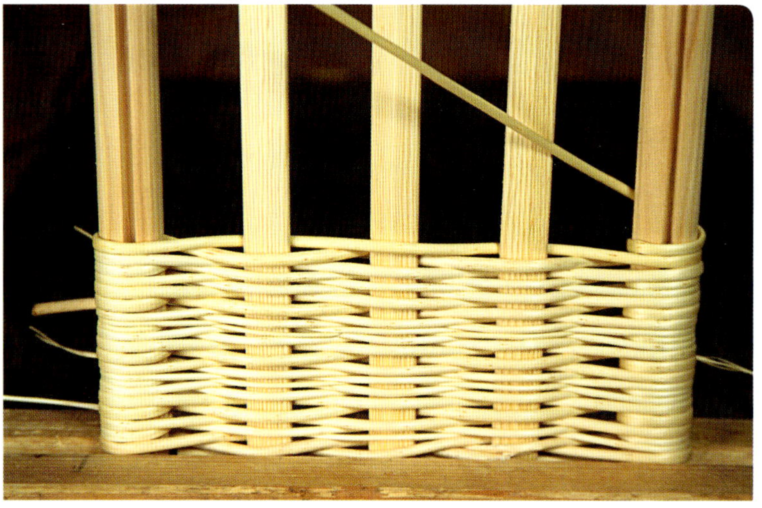

Ein eckiger Boden mit Nutenleisten, Mittellagen und Weiden entsteht.

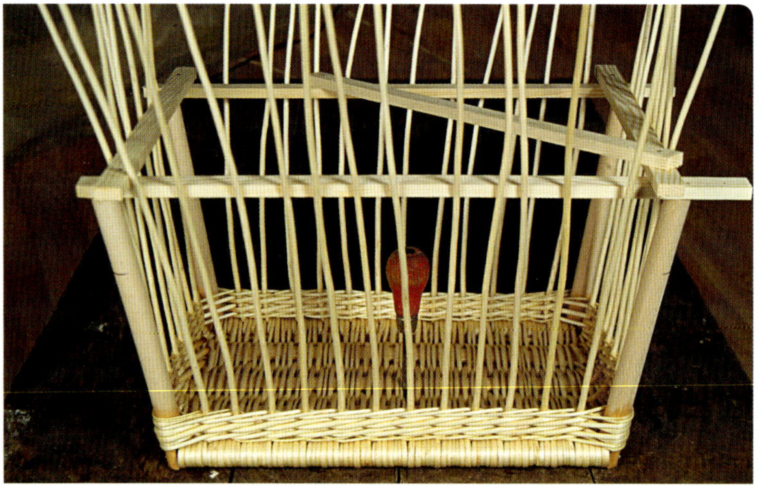

Der aufgestakte, eckige Korb mit Holzgerüst.

und an der Breitseite neben den Mittellagen eingesteckt – werden die **Eckstollen** an die Nutenleisten des Bodens genagelt.

Verschiedene spezielle Kimmen werden benötigt um Staken und Eckstollen an ihren vorgesehen Platz zu bringen.

Damit die Eckstollen bei den weiteren Arbeitsschritten nicht nach innen gezogen werden, hält ein Holzgerüst sie in der gewünschten Position (siehe unteres Foto).

Nun wird der Korb mit Schichten auf die gewünschte Höhe geflochten. Dabei werden die üblichen Vorarbeiten für das spätere Einsetzen des Henkels getätigt. Nach dem Flechten der Abschlusskimme werden die Eckstollen eben abgesägt und pro Eckstollen drei zusätzliche Staken für die Randbildung eingesteckt. Damit der Rand schön kräftig wird, wählen wir einen Zuschlag mit sechs Paaren. Dabei ist das Flechten der Ecken besonders kniffelig.

Ein Henkel mit doppelter Weideneinlage vervollständigt den Korb zu einem langlebigen, formschönen Begleiter.

Noch mehr Flechtwerk

Mit einem Basiswissen über verschiedene Flechtwerkarten können Korbflechter eine große Variationsbreite an Körben herstellen. Je nach Geschmack und Verwendungszweck können unterschiedliche Boden-, Fuß-, Geflecht-, Rand- und Henkelarten kombiniert werden.

> Wenn Sie bereits ein- zwei Körbe aus unseren Anleitungen geflochten haben und sich in den Grundlagen sicher fühlen, probieren Sie neue Flechtvariationen und werden Sie selbst kreativ!
> Von den vielen weiteren Flechttechniken haben wir einige in diesem Kapitel für Sie zusammengetragen. Eine tabellarische Übersicht über Flechtwerkarten finden Sie auf den Seiten 118ff.

Bodenvariationen

Der ovale Boden, Querlagen geschlitzt, nur gesteckt, gefitzt und geschichtet: Die Querlagen werden geschlitzt und die langen Bodenstöcke durchgesteckt. Bei dieser Bodenform entfällt das Einwickeln.

Das Bodenkreuz ist zu Beginn sehr instabil und die Bodenstöcke können sich schon beim Einlegen der Weiden leicht verschieben. Ein ständiges Ausrichten der Stöcke ist notwendig.

Sie sollten diese Bodenart erst mit einiger Flechtroutine versuchen.

Eckiger Boden mit Mittellagen und Nutenstäben: Spannen Sie die Nutenleisten und Mittellagen in die Einspannvorrichtungen und fixieren Sie die Breite des Bodens durch Annageln einer zusätzlichen Leiste oben auf den Nutenleisten. Beginnen Sie das Geflecht unten mit einer Fitze. Dadurch werden die Mittellagen gut an ihrem Platz gehalten. Danach geht es mit dem Zäunergeflecht weiter.

Beginnen Sie mit der Weidenspitze *vor eine Leiste / hinter eine Leiste nach vorne*. Setzen Sie Spitze auf Spitze und Stammende auf Stammende an. Die seitlichen Nutenleisten umfahren Sie ein- bis zweimal, je nach Höhe des Geflechtes.

Schließen Sie den Boden mit einer Fitze ab. Dann wird er ausgespannt und die überstehenden Holzleisten werden abgesägt.

Eckiger Boden mit Weidenstöcken: Eine Variante zum eckigen Boden mit Mittellagen und Nutenstäben besteht in der Verwendung von starken Weidenstöcken statt der Nuten- und Mittellagen. Statt der Nutenleiste werden jeweils zwei Weidenstöcke parallel nebeneinander in die Klemmleiste gestellt. Statt der Mittellage wahlweise ein einzelner oder auch ein doppelter Weidenstock.

Die Verwendung von Weidenstöcken lässt den Boden nicht ganz so ebenmäßig und glatt erscheinen und verleiht dem Flechtwerk einen rustikalen Charakter. Das Flechten dieser Bodenart verlangt einiges an Übung, wir empfehlen ihn nur fortgeschrittenen Flechtern.

Fußkimme für kleine Körbe

Die geschlossene Fußkimme haben Sie beim Obstkorb kennengelernt. Die zweite Variante der geschlossenen Fußkimme ist für Böden mit kleinem Um-

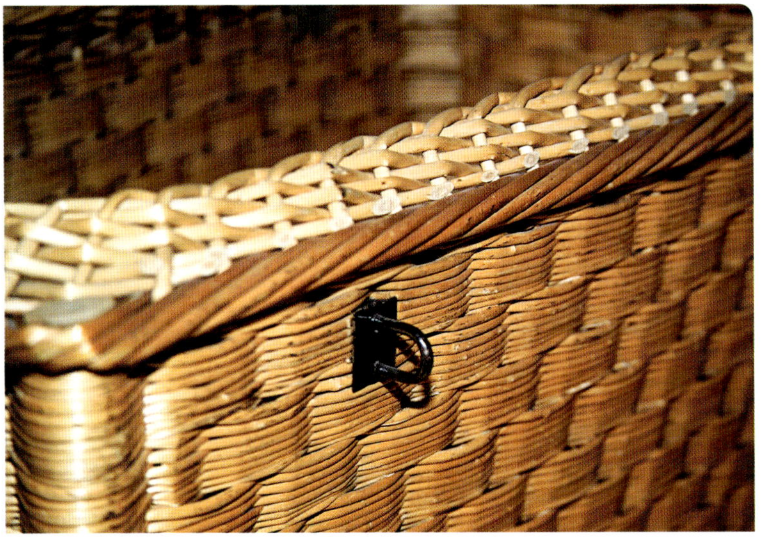

Würfelgeflecht ist äußerst stabil.

fang gedacht. Hier wird mit vier Weiden geflochten, deren Stammenden angespitzt auch wieder links neben vier Staken eingesteckt und hinter diesen nach vorne gelegt werden.

Vor drei Staken / hinter eine Stake / nach vorne werden die Kimmweiden um die ganze Runde verflochten und dann verzogen.

Durch den geringen Umfang des Bodens fällt die unterschiedliche Stärke der Fußkimme nicht so sehr ins Gewicht. Diese Fußkimme ist schnell herzustellen.

Geflechtarten-Vielfalt

Zäunergeflecht: Der Name des Geflechts deutet auf seine ursprüngliche Verwendungsart hin, schon zu Urzeiten wurden einfache Zäune geflochten, indem man mit dem Flechtmaterial *vor eine Stake / hinter eine Stake* flocht.

Häufigste Anwendung findet das Zäunergeflecht bei Böden für eckige Korbwaren, bei Paravents und Geflechten für den Garten.

Jede Weide wird ganz ausgeflochten. Angesetzt wird Spitze auf Spitze und Stammende auf Stammende.

Gang: Der Gang ist eine einfache Geflechtsart, bei der oft kurze Weiden oder Abschnitte Verwendung finden. Pro Stake ist eine Gangweide erforderlich. Die erste Gangweide wird mit dem Stammende in Abstand 1 eingelegt und sofort *vor eine Stake / hinter eine Stake* in ihrer ganzen Länge verflochten.

Je nach Länge der Weiden und Größe der Stakenabstände ergibt sich die Gesamtanzahl der Flechtschläge.

Die nächste Gangweide wird um eins nach rechts versetzt in Abstand 2 eingelegt und mit der gleichen Anzahl der Flechtschläge ausgeflochten. Somit kommt die Spitze der zweiten Weide, einen Abstand nach rechts versetzt, neben der ersten Spitze zu liegen.

Sind alle Weiden eingelegt und verflochten, hat der Gang seine endgültige Höhe erreicht und die nach außen stehenden Spitzen werden sauber abgeschnitten.

Kimm-/Köperschicht: Die Kimmschicht, auch als Köperschicht bezeichnet, ist ein mehrweidig gebundenes Geflecht und unterscheidet sich in der Schlagzahl von der Zäunerschicht. Eine Köpergeflechtsart zeichnet sich aus durch einen Schlag, der mehr als zwei Staken bindet.

Statt *vor eine Stake / hinter eine Stake* wird beispielsweise *vor zwei Staken / hinter eine Stake* /nach vorn geflochten. Eine weitere Variante ist *vor zwei Staken / hinter zwei Staken / nach vorne* zu flechten. Diese Schlagzahl erinnert an die Schlagzahl der Kimme. Daher auch die Namensverwandtschaft.

Die Kimmschicht wird wie die Zäunerschicht nach links eingelegt und dann nach rechts verflochten. Die Kimm- oder Köperschicht verleiht dem Flechtwerk einen rustikalen Charakter, sie ist auch geeignet um klare, geometrische Formen zu unterstützen.

Würfelgeflecht: Der Würfel ist eine spezielle doppelwandige Geflechtsart, die sich durch große Stabilität auszeichnet. Die Flechtweiden werden *vor zwei Staken / hinter zwei Staken* nach vorn geflochten.

Beim **Gangwürfel** wird immer eine Weide komplett verflochten, bevor die nächste um zwei Staken nach rechts versetzt eingelegt und komplett verflochten wird. Beim Gangwürfel benötigen wir eine ungerade Stakenzahl!

Häufige Anwendung findet das Würfelgeflecht bei eckigen Körben. Seltener findet man den **Schichtwürfel**, bei dem eine Schicht mit der Schlagzahl *vor zwei Staken / hinter zwei Staken* eingelegt wird. Eingelegt wird hier wie bei der Zäunerschicht nach links. Hierzu wird nur in jeden zweiten Abstand eine Weide eingelegt. Um das gewünschte Würfelmuster zu erhalten, muss bei der nächsten Schicht die erste Weide um eine Stake versetzt eingelegt werden. Man benötigt eine gerade Stakenanzahl.

Zopf mit drei Paaren

Zu Beginn des dreipaarigen Zopfes benötigen Sie zusätzlich drei Weiden als Beistecker sowie zwei kürzere Weidenstöckchen als Platzhalter. Die drei Bestecker werden jeweils links neben drei nebeneinander stehenden Staken eingesteckt. Die erste Stake wird nach vorne umgebogen und ein kurzes Weidenstöckchen darauf gelegt. Der Beistecker wird über das Weidenstöckchen gebogen. Mit der zweiten Stake verfahren Sie genauso. Die dritte Stake wird ebenfalls nach vorne gebogen, wobei der zugehörige Beistecker noch stehen bleibt.

Das erste (linke) Paar wird über (vor) das nächste Paar und die heruntergebogene dritte Stake nach innen geführt. Dann wird der dritte Beistecker darübergebogen. Das zweite, jetzt ganz links liegende Paar läuft über (vor) das nächste Paar und die vierte Stake nach innen. Biegen Sie die vierte Stake darüber. Es zeigen jetzt also zwei Paare ins Innere des Korbes.

Das innen links liegende Paar wird zur gerade nach vorn gebogenen vierten Stake dazugelegt. Sie zählen also: *hinter eine Stake / nach vorne.*

Wichtig! Die Weiden müssen eben liegen.

Zum ersten Mal liegen nun drei Weiden nebeneinander nach vorne. Mit dem dritten Paar verfahren Sie in gleicher Weise. Nun liegen also ein Paar nach innen und zwei „Drillinge" nach außen. Ab jetzt wird rundherum gleichmäßig wie folgt weitergearbeitet: Vom links liegenden Drilling nehmen Sie die linken zwei Weiden und führen diese *vor zwei Staken / nach innen*. Dann legen Sie die dazugehörige Stake darüber und das innen links liegende Paar dazu. Beim Anfang angekommen wird der Zopfzuschlag entsprechend dem Muster verzogen.

Nehmen Sie dann vom links liegenden Drilling wie gewohnt die linken zwei Weiden und ziehen diese an der Stelle des ersten Platzhalters nach innen. Ebenso verflechten Sie die nächsten und übernächsten zwei Weiden der noch nach vorn zeigenden Drillinge. Jetzt stehen insgesamt drei Paare nach innen. Beginnen Sie mit dem linken Paar und ziehen es in den sichtbaren Lücken, dem Muster entsprechend, hinter einer Stake nach vorne.

Festhalten!

Standardhenkel: Ein geschlungener Henkel mit einfacher Weideneinlage und normaler Bindung (Wickel) ist der eigentliche Standardhenkel. Sie benötigen eine Weideneinlage und Henkelweiden zum Umschlingen. Es wird ein einfacher Wickel gearbeitet.

Griffringe: Griffringe werden gesondert gefertigt und erst dann am Korb befestigt. Sie benötigen gut geweichte Weiden der Länge 180 cm. Mit dem starken Ende der ersten Weide legen Sie einen Kreis in der gewünschten Größe des Griffringes und umschlingen diesen mit dem dünneren Rest der Weide immer wieder, bis die Weide aufgebraucht ist. Hierzu benötigen Sie etwas Übung, da die Weide dabei keine Knicke bekommen darf.

Möchten Sie den Griffring etwas kräftiger gestalten, können Sie noch eine zweite Weide um den Ring schlingen. Diese beginnt ebenfalls mit dem Stammende, das Sie zu Beginn im schon bestehenden Geflecht verschwinden lassen.

Den fertigen Ring befestigen Sie mit Hilfe einer weiteren Weide an der Korbwand.

Auf einen Blick

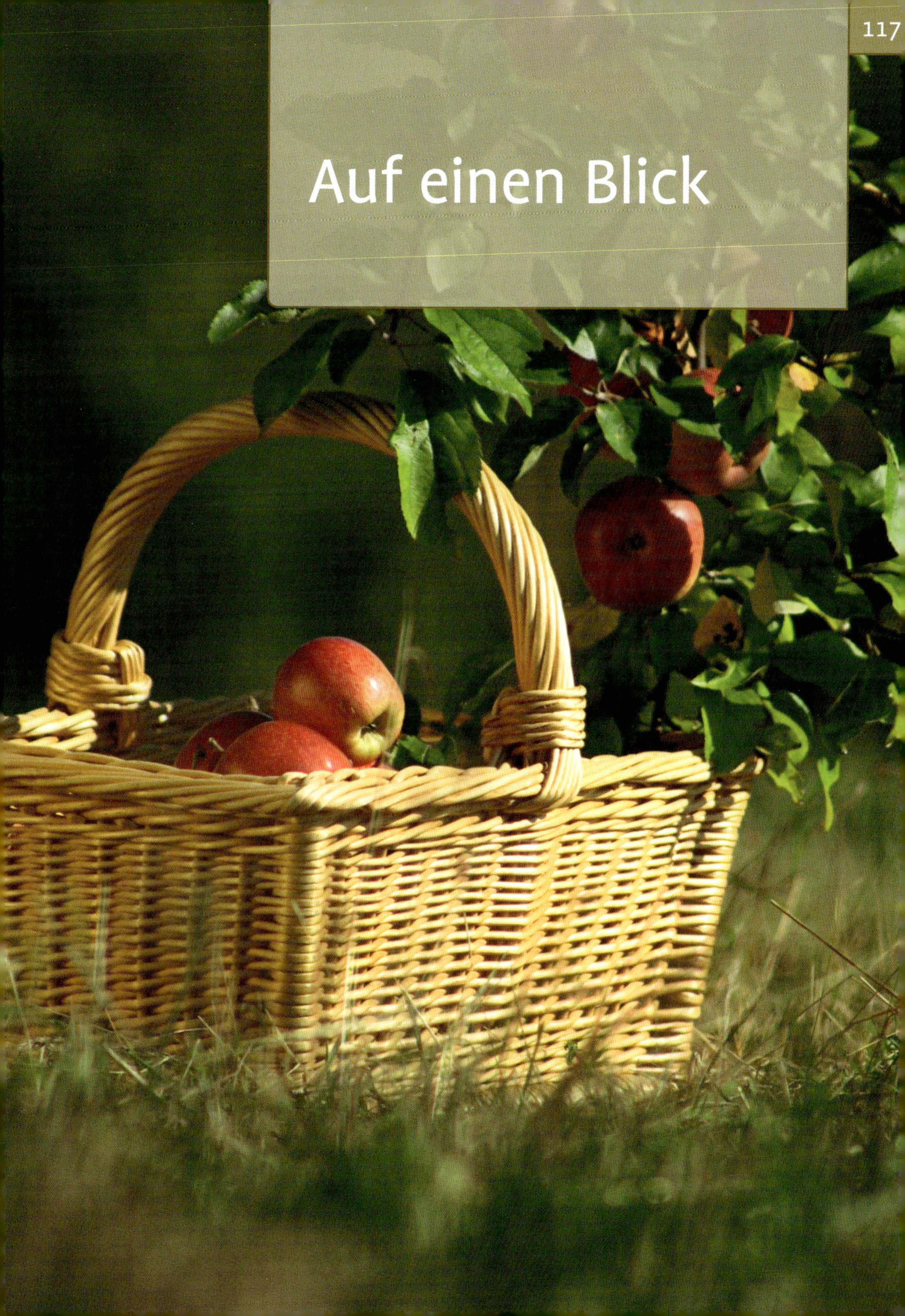

Die Systematisierung von Flechtarten kann unter verschiedenen Gesichtspunkten erfolgen. Bei der Recherche für dieses Buch haben wir verschiedene Systematiken in den Lehrunterlagen der Korbmacherwelt gefunden und miteinander verglichen. Interessante Diskussionen unter Fachleuten sorgten für einen spannenden, manchmal sogar internationalen, Austausch. In diesem Kapitel finden Sie eine tabellarische Zusammenstellung der häufigsten Flechtarten in der Weidenarbeit.

Bodenarten

Bodenart	Schwierigkeit	Besonderheit	Anleitung
rund, gefitzt	leicht	einfacher, für Gebrauchskörbe genutzter Boden zwei Varianten	Seite 45ff, 90ff
rund, geschichtet	leicht/mittel	ebenmäßiges, dekoratives Aussehen z. B. für Schalen	Seite 62ff
oval, Längslagen geschlitzt und gewickelt, geschichtet und gefitzt	schwer	für anspruchsvolle Korbwaren	Seite 79ff
oval, Querlagen geschlitzt, nur gesteckt, geschichtet und gefitzt	schwer	Bodenkreuz wird nicht gewickelt z. B. für einfache ovale Körbe	Seite 113
oval, Querlagen geschlitzt, gewickelt, nur gefitzt	mittel	für kleine Körbe geeignet z. B. Kirschenkorb	Seite 100
eckig, mit Mittellagen und Nutenstäben	mittel	gezäuntes Geflecht	Seite 114
Eckig, mit Weidenstöcken	schwer	rustikales Aussehen	Seite 113

Geflechtsarten

Geflechtsart	Schwierigkeit	Besonderheit	Anleitung
Zäunergeflecht	leicht	Urgeflecht, einfaches Geflecht	Seite 114
Gang	leicht	jede Weide wird sofort ganz verarbeitet	Seite 114
Schicht/Zäunerschicht	leicht	wird *vor eins / hinter eins* geflochten	Seite 50
Kimm-/Köperschicht	mittel	rustikales, glattes Aussehen	Seite 115
Würfelgeflecht	schwer	doppelwandiges Geflecht, große Haltbarkeit	Seite 115
Fitze	leicht	gewundenes Geflecht, mit zwei Weiden geflochten, geeignet für Bodengeflecht	Seite 47, 73
Kimme	leicht	gewundenes Geflecht, mit mindestens drei Weiden geflochten	Seite 51

Fußarten

Fußart	Schwierigkeit	Besonderheit	Anleitung
Einschlag	mittel	Schichtweiden werden zur Fußbildung verwendet	Seite 49, 57
Gänsefuß	mittel	Schichtweiden werden zur Fußbildung verwendet	Seite 91
geschlossene Fußkimme	leicht	in sich abgeschlossene Fußart	Seite 63, 113
Kimmfuß	mittel	Kimmweiden werden vollständig verbraucht, zwei Varianten	Seite 73, 102
aufgesteckter Fuß	leicht/mittel	wird erst nach Fertigstellung des Korbrumpfes geflochten	Seite 89

Randarten

Randart	Schwierigkeit	Besonderheit	Anleitung
Zuschlag mit drei Paaren	einfach	ergibt schmalen Rand z. B. an kleinen Körben oder Deckeln	Seite 98
Zuschlag mit vier Paaren	einfach/mittel	häufigster Randabschluss	Seite 52
Zuschlag mit fünf Paaren	schwer	ergibt einen breiten Rand, eher selten	Seite 89
Zuschlag mit seitlichem Einschlag	mittel/schwer	mit zusätzlicher Zierde	Seite 96ff
Zopf, dreipaarig	schwer	dekorativer Rand	Seite 115
Zopf, fünfpaarig	schwer	dekorativer Rand	Seite 67ff

Henkelarten

Henkelart	Schwierigkeit	Besonderheit	Anleitung
geschlungen, mit einfacher Einlage und normaler Bindung (Wickel)	mittel	Standardhenkel,wird sehr oft für Einkaufskörbe verwendet stabil und belastbar	Seite 116
geschlungen, mit doppelter Einlage und normaler Bindung (Wickel)	schwer	breiterer Henkel für größere Körbe geeignet sehr stabil und belastbar	Seite 76ff
geschlungen, mit einfacher Einlage u. Krawattenbindung	mittel	dekorative Bindung	Seite 55

Griffarten

Griffart	Schwierigkeit	Besonderheit	Anleitung
Weidengriff mit Einlage	schwer	Weiden müssen gedreht werden	Seite 58ff
eingearbeitete Grifflöcher	leicht/mittel	funktionell und formschön	Seite 65, 93ff
kleiner Deckelgriff	mittel/schwer	wird aus einer gedrehten Weide hergestellt	Seite 98
Griffring	mittel	Weiden werden miteinander verwunden	Seite 116

Informationen

Glossar

Abschlusskimme: Meist Viererkimme, die sich direkt unter dem Zuschlag befindet

Abschnitte: Beim Randflechten anfallende restliche Weidenspitzen

Anbau: Pflanzung von Weiden

Anschalmen: Anbringen eines langen Schnittes an einer Weide

Ansetzen: Einstecken einer nächsten Weide zur Fortsetzung des Flechtmusters, wenn die vorherige Weide ihr Ende erreicht hat

Anspitzen: Anbringen eines kurzen Schnittes an einer Weide

Arbeitsbrett: Brett, auf dem der Korb mit einem Pfriemen während der Arbeit befestigt ist

Aufbruch: Beginn des geflochtenen Bodens

Aufstaken: Vorgang, mit dem die Staken in den Boden gesteckt werden

Aufsteller: Siehe Staken

Ausputzen: Abschneiden der überstehenden Weidenenden an Werkstücken

Ausputzer: Schneidewerkzeug, Messerart mit kleiner spitzer Schneide

Ausrichten: Die Staken geradebiegen und deren Stellung zueinander ausgleichen

Außenmaß: Maß, von Außenkante zu Außenkante gemessen

Ausstecher: Schneidewerkzeug, Messerart mit kleiner gebogener Schneide

Beistecker: Zusätzlich eingesteckte Staken zur Bildung eines Randes

Beizen: Art der Oberflächenbehandlung zur Farbveränderung

Biegeeisen: Werkzeug aus Eisen zum Biegen von starken Stöcken

Bindeweiden: Schlanke, zähe Weiden. Meist Gelbe Dotter-Weide (*Salix alba* var. *vitellina*). Sie werden auch zum Anbinden der Reben im Weinberg genutzt.

Bindigkeit: Anzahl der Staken, die mit einem Schlag gebunden werden

Bock: Arbeitsmittel aus Holz zum Ablegen des Arbeitsbrettes

Bleichen: Aufhellen von Korbwaren durch verschiedene Methoden wie z. B. Schwefeln oder Behandlung mit Zitronensäure

Boden: Formgebendes Fundament des Korbes mit tragender und stabilisierender Aufgabe

Bodenkreuz: Besteht aus Weidenstöcken/Bodenstöcken und ist das Grundgerüst des Bodens.

Bodenlagen: Bezeichnung für Bodenstöcke

Bodenstock: Weidenstock, der für das Grundgerüst des Bodens (Bodenkreuz) verwendet wird

braune Weiden: Andere Bezeichnung für gesottene Weiden. Weiden, die mit Rinde gekocht und dann geschält wurden und durch das Eindringen der Rindengerbsäure die braune Farbe erhalten haben

Daumenschutz: Schutzhülle aus Kunststoff oder Leder zur Verhinderung von Schnittwunden am Daumen beim Schmälern von Weidenschienen

doppelte Dreierkimme: Gewundene Geflechtsart, die in zwei Gruppen geflochten wird

Dreierkimme: Gewundene Geflechtsart, bei der mit drei Weiden gleichzeitig geflochten wird. Schlagzahl meist vor *zwei Staken / hinter eine Stake*

Dreierzopf: Randbildung mit drei Beisteckern, vor *zwei Staken / hinter eine Stake* geflochten

Dreispalter: Gerät zum Spalten von Weiden in drei Teile, wird auch als Reißer bezeichnet.

Ecke, verdeckte: Der Querschnitt des Eckstollens am eckigen Korb ist bei der Draufsicht durch Weiden der Randbildung verdeckt.

Ecke, offene: Der Querschnitt des Eckstollens am eckigen Korb ist bei der Draufsicht zu sehen.

Ecklage: Siehe Eckstollen

Eckstollen: Andere Bezeichnung für Ecklage. Weidenstock oder Rundholzstab, der die Ecke beim eckigen Korb bildet

Einkimmen: Verwendung der Kimme zu Beginn des Rumpfgeflechtes

Einlage: Inneres des Griffes. Die Einlage besteht aus einer Weide, um die herum die zwei gedrehten Weiden gelegt werden.

Einschlag: 1. Fußbildung mit Schichtweiden oder 2. Randabschluss, bei dem die Staken einen vollständigen Schlag vor als auch hinter die folgenden Staken ausführen. Auch als Seitenrand möglich

Einsetzen: Siehe Ansetzen

Ersetzen: Einstecken z. B. einer Stake in die Kimme, wenn die Originalstake abgebrochen ist

Fitze: Gewundene Geflechtsart mit zwei Weiden, *vor eine Stake / hinter eine Stake* geflochten

Flechtlänge: Länge der Weide, die komplett zum Flechten verwendet wird

Flechtpaar (Paar): Bildet sich beim Flechten z. B. bei der Randbildung oder bei Beginn einer Schichtrunde. Zwei Weiden, die direkt nebeneinander zu liegen kommen

Flechtschlag: Siehe Schlag

Flechtsträhne: Siehe Flechtpaar

Fünferzopf: Randbildung mit fünf Beisteckern, *vor drei Staken / hinter zwei Staken* geflochten

Fuß: Geflochtener Teil des Korbes, auf dem der Korb steht. Verantwortlich für die Standfestigkeit des Korbes

Gänsefuß: Fußart, die mit den Schichtweiden durch einen Kippschlag gebildet wird und mit dem darauf folgenden Kimmschlag ein Muster ergibt

gedrehte Weide: Weide, die durch Drehbewegungen geschmeidig gemacht wird

gescheckte Schicht: Zweifarbige Schicht, bei der abwechselnd eine helle und eine dunkle Weide eingelegt wird

geschlagene Arbeit: Flechten mit Weiden unter Benutzung des Schlageisens

geschlungener Henkel: Henkel mit Einlage, um die herum die Henkelweiden geschlungen werden

gesottene Weiden: Andere Bezeichnung für braune Weiden. Weiden, die mit Rinde gekocht und geschält wurden und dann eine braune Farbe haben

Griff: Teil des Korbes zum Greifen und Tragen des Korbes

Grifflöcher: Aussparungen in der Korbwand zum Greifen und Tragen

Grünarbeit: Arbeit mit ungeschälten Weiden

Handhobel: Werkzeug zum Hobeln von Weidenschienen

Henkel: Dient zum Tragen des Korbes

Henkeleinlage: Inneres des Henkels, die Einlage besteht aus einer Weide, um die herum die Henkelweiden geschlungen werden

Henkelplatzhalter: Weidenstöcke, die als Platzhalter in die Korbwand eingesteckt werden. Sie halten den Platz für die spätere Henkeleinlage frei.

Hippe: Gebogenes Messer zur Weidenernte

Innenmaß: Das innere Maß des Korbes

Kimme: Gewundenes Geflecht, mehrweidig gebunden, z. B. *vor zwei Staken / hinter einer Stake / nach vorne*

Kimmschlag: Flechtschlag, der mindestens drei Weiden bindet, z. B. *vor zwei Staken / hinter eine Stake / nach vorne*

Kimmweiden: Weiden, mit denen die Kimme geflochten wird

Kipprand: Die Weiden werden bei einer Randbildung nur hinter oder vor mindestens einer Stake nach vorne oder nach hinten gelegt und werden nicht in jedem Falle weiter verflochten.

Kippschlag: Die Weiden werden nur hinter oder vor mindestens einer Weide nach vorne oder nach hinten gelegt und können, müssen jedoch nicht in jedem Falle weiter verflochten werden.

Klemmleiste: Hilfsmittel zur Herstellung eines eckigen Bodens

Klopfeisen: Siehe Schlageisen

Kochschäle: Verfahren zum Schälreifmachen der Weiden

Köpergeflecht: Eine geschränkte Geflechtsart, bei der bei einem Flechtschlag mehr als zwei Staken gebunden werden, z. B. *vor zwei Staken / hinter eine Stake / nach vorne*

Korbrand: Geflechtsabschluss der Korbwand

Korbrumpf: Andere Bezeichnung für Korbwand

Korbfuß: Siehe Fuß

Lageboden: Eckiger, geflochtener Boden

Längslagen: Die langen Bodenstöcke des ovalen Bodens

mehrweidig: Mehrere Weiden werden zusammen mit demselben Schlag verflochten

Messer: Schneidewerkzeug

Mittellage: Teil des eckigen Bodens aus Holz oder Weiden

Naturschäle: Das Schälen der Weiden, nachdem sie erneut ausgetrieben haben

Ölen: Oberflächenveredlung mit Ölen, z. B. Leinöl

Oxalsäure: Wird in Pulverform zum Bleichen von Weiden verwendet

paarweise Zuschläge: Sie verstärken den Abschluss des Geflechtes, je nach Länge der Flechtschläge nach innen oder außen. Die Staken werden in zwei getrennten Arbeitsgängen verflochten. Die gebräuchlichsten Zuschläge sind mit drei, vier oder fünf Paaren geflochten. Je höher die Anzahl der Paare ist, desto breiter wird der Abschlussrand

Pfriemen: Stechwerkzeug zum Vorstechen von Löchern im Geflecht, um Weiden im Geflecht zu verziehen oder den Korb auf dem Arbeitsbrett zu befestigen

Pyrogallol: Gerbsäurehaltige Lösung, bewirkt zusammen mit Salmiakgeist die dunkle Verfärbung der Körbe. Siehe auch Räuchern

Querlagen: Die kurzen Bodenstöcke des ovalen Bodens

Räuchern: Vorgang zum Einfärben des Korbes in Brauntönen mit Hilfe einer chemischen Reaktion von Gerbsäure mit Salmiakgeist

Reißer: Andere Bezeichnung für Drei- bzw. Vierspalter. Werkzeug zum Herstellen von Weidenschienen

Ring: Hilfsmittel, meist aus einem Weidenstock hergestellt, dient zum Halten der Staken und damit auch der Form

Rumpf: Andere Bezeichnung für Korbwand

Rumpfgeflecht: Das Geflecht des Korbes bzw. der Korbwand

Rumpfkimme: Wird als unterste Kimme zur Verstärkung der Korbwand und zur Ausrichtung der Staken eingearbeitet

Saftruhe: Nennt man die Zeit im Herbst bzw. Winter, in der das Laub abfällt, bis zum Neuaustrieb

Sätzchen: Besonders kleine, erste Weidenschicht an manchen eckigen Körben

Salmiakgeist: Ammoniaklösung

Schalm: Langer Schnitt

Schälen: Entfernen der Rinde von der Weidenrute

Schere: Werkzeug zum Schneiden, meist Garten- oder Rebschere

Schicht: Häufigste gezäunte Geflechtsart, meist mit dem Stammende eingelegt, wobei das Geflecht von unten nach oben in der Stärke abnimmt. Bei einem Korb werden meist mehrere Schichten übereinander gearbeitet

Schichtweiden: Weiden, mit denen die Geflechtsart Schicht geflochten wird

Schlag: In einem Schlag werden in einem sich wiederholenden Flechtrhythmus mindestens zwei Staken miteinander gebunden

Schlageisen: Werkzeug zum Festklopfen des Geflechts, um Zwischenräume im Flechtwerk zu vermeiden

Schlagzahl: Die Anzahl der umflochtenen Staken, bevor sich ein Schlag (also der Flechtrhythmus) wiederholt

Schleifstein: Spezieller Stein zum Schärfen der Werkzeuge

Schlichten: Einfache, unkomplizierte und universelle Flechtart. Jeder Flechtfaden wird sofort einzeln verarbeitet, bevor der nächste Flechtfaden (Spitze auf Spitze, Stammende auf Stammende) angesetzt wird. Andere Bezeichnung für Zäunen

Schmälerer: Werkzeug zur Herstellung von gleich breiten Weidenschienen. Kleine, in Holz eingelassene Schneidemesser sind in unterschiedlich breiten Abständen angeordnet, durch die die Weidenschienen gezogen werden.

Schränkungswinkel: Der Flechtfaden läuft in einer Wellenbewegung um die Staken, die Biegung des Fadens nennt man Schränkung. Je enger die Staken stehen, umso kleiner ist der Schränkungswinkel und umso höher ist die Spannung im Geflecht.

Schraubstock: Werkzeug zum Einspannen von Werkstücken

Schwefeln: Methode zum Aufhellen der Korbwaren

Spalten: Trennen der Weide in mindestens zwei Teile

Spaltlage: Geschlitzte Bodenstöcke des Bodenkreuzes

Spitze: Das dünn auslaufende obere Ende der Weide

Staken: Senkrechte Weiden, um die herum die Korbwand geflochten wird. Andere Bezeichnung für Aufsteller

Stakenabstand: Der Abstand von Stake zu Stake

Stakendicke: Der Durchmesser der Stake

Stakenzwischenraum: Lichtes Maß zwischen zwei Staken

Stammende: Das dick auslaufende untere Ende der Weide

Stecklage: Durchgesteckte Bodenstöcke des Bodenkreuzes

Tannin: Art von Gerbsäure, die beim Räuchern von Körben Verwendung findet

Trocknen: Das Entziehen der Feuchtigkeit bei frisch geflochtenen Körben

Umlegen: Das Umbiegen der bisher senkrecht stehenden Staken zu Beginn und im weiteren Verlauf beim Flechten eines Korbrandes

ungeschälte Weiden: Weiden mit Rinde

Verziehen: 1. Beenden einer in sich geschlossenen Flechtart z. B. Zuschlag
2. Weiden werden in einen Behälter (Fass) gestellt und an den oberen Spitzen nach und nach abgezogen – so erhält man gleich lange, sortierte Weiden.

Viererkimme: Gewundene Geflechtsart, bei der mit vier Weiden gleichzeitig geflochten wird. Meist *vor zwei Staken / hinter zwei Staken* geflochten

Vierspalter: Gerät zum Spalten von Weiden in vier Teile, wird auch als Reißer bezeichnet

Vollweide: Ungespaltene Weide

Wachsen: Oberflächenveredlung mit Wachs

Wandung: Andere Bezeichnung für Korbwand oder Rumpf

wasserhart: Bei zu lang eingeweichten Weiden saugen sich die Holzzellen der Weiden mit Wasser voll und verlieren dadurch ihre Biegsamkeit. Die Weiden brechen dann leicht

Weichen: Weiden im Wasser einlegen

Weichzeit: Zeitdauer des Einweichens des Flechtmaterials

Weidenanlage: Speziell angelegtes Feld für die Zucht von Weiden

Weidenschiene: Endprodukt aus einer gespaltenen Weide

Weidenstock: Oft mehrjährige Weide

weiße Weiden: Weiden, bei denen durch das Naturschälverfahren ihre weiße Farbe nach dem Schälen erhalten bleibt

Werkbank: Wird im Werkstattalltag für alle anfallenden Arbeiten wie Sägen oder Bohren genutzt. An der Werkbank befindet sich meist ein Schraubstock zum Einspannen der Werkstücke.

Werkbrett: Andere Bezeichnung für Arbeitsbrett

Wickeln: Anbringen einer Wicklung, z. B. um Weidenstockverbindungen abzusichern, Bodenstöcke einzubinden oder Henkel zu verzieren

Wickelschiene: Material zum Ausführen von Wicklungen

Wulstkimme: Kimme mit oder ohne Einlage, um eine Verbreiterung für die Auflage z. B. für einen Deckel zu erhalten. Sie wird meist mit einer höheren Anzahl von Kimmweiden geflochten.

Würfel: Spezielle doppelwandige Geflechtsart

Zäunergeflecht/zäunen: Einfache Geflechtsart, die mit einem Faden ausgeführt wird. Verwendung z. B. bei Böden für eckige Körbe

Zitronensäure: Wird zum Bleichen von Körben verwendet

Zopfzuschlag: Randbildung mit Zopfmuster

Zuschlag: Zuschläge sind aus Staken geflochtene Abschlüsse eines Geflechts. Der Zuschlag ist ein Randabschluss mit Rückgriff, das heißt, auf die anfangs umgebogene Weide wird nochmals zurückgegriffen und ein weiterer Schlag mit ihr ausgeführt. Der Zuschlag besteht aus einem Kipprand und einem Einschlag.

Zwischenkimme: Kimme, die sich zwischen den einzelnen Schichten eines Korbes befindet, meist eine Dreierkimme

Literatur

Alberts, Mullen, Spohn (2004): Die Baum- und Strauchapotheke. Von Ahornsirup bis Zedernöl. Kosmos, Stuttgart.

Barrat, O. E. (1991): Korbflechten. Vorlagen und Anleitungen. Augustus, Augsburg. (Antiquariat)

Braun, B. und Konold, W. (1998): Kopfweiden. Regionalkultur, Ubstadt-Weiher.

Burns, H. (2000): Weiden, Binsen, Peddigrohr. Haupt, Bern, Stuttgart, Wien. (Antiquariat)

Fröhlich, M. und Sturm, H. P. (2008): Weidenflechtwerke. Ulmer, Stuttgart.

Gruner, A. (1947): Der Korbweidenanbau. Siebeneicher, Berlin- Charlottenburg. (Antiquariat)

Jentsch, T. (1989): Flechten. Für Kinder vorgestellt. Kinderbuchverlag Luzern. (Antiquariat)

Mellgren, J. (2011): Flechten mit Naturmaterial. Faszinierende Körbe, Schalen und mehr. Frech, Stuttgart.

Mellgren, J. (2008): Weidenzäune. Aus trockenen und lebenden Weiden. Frech, Stuttgart.

Mortensen, M. (2012): Weidengeflechte für Haus und Garten. Th. Schäfer, Hannover.

Nachdruck der Heftsammlung (1951): Der Weidenanbau. Das Flechtwerk.

Ostergaard-Jensen, B. (2006): Weiden flechten. Frech, Stuttgart.

Unterrichtsmaterialien der Meisterschule des Handwerks von Erich Peters, Dresden.

Unterrichtsmaterialien der Staatlichen Fachschule für Korbflechterei, Lichtenfels.

Unterrichtsmaterialien der Zentralberufschule für Korbmacher von Dr. Arvid Harnack, Seebad Ahlbeck.

Unterlagen aus Privatarchiv Stefan Scheffelmann, Stuttgart.

Verdet-Fierz, B. und R. (2004): Anleitung zum Flechten mit Weiden. Haupt, Bern, Stuttgart, Wien.

Wagner, O. (1958): Anbau und Nutzung der Flechtweiden. (Antiquariat)

Will, C. (1983): Die Korbflechterei. Verlag Georg D.W. Callwey, München. (Antiquariat)

Geschichte der Korbflechterei

Dippold, Günter (Red.), Deutsches Korbmuseum Michelau (1994): Begleitbuch zur Dauerausstellung. Michelau.

Gaitzsch, Wolfgang (1986): Antike Korb- und Sailerwaren. Aalen.

Stöckle, Frieder und Roland Bauer (1989): Vom Korbmacher – wo flinke Hände flechten und formen. Kosmos, Stuttgart.

Zitierte Literatur

Hotop, Max (1896): Das Korbmacherhandwerk in Leipzig. Leipzig, S. 142. [in: Untersuchungen über die Lage des Handwerks in Deutschland mit besonderer Berücksichtigung auf seine Konkurrenzfähigkeit gegenüber der Großindustrie, Bd. 5]

Brauer, Kurt (1914): Die Organisation der Korbwarenindustrie und des Korbwarenhandels im Deutschen Reiche. München u. Leipzig, S. 29.

Bezugsquellen

Materialien

Andreas Schardt KG
Flechtmaterial
Neuenseer Str. 3
D-96247 Michelau
www.schardt-kg.de

Hans Ender e. K.
Flechtmaterial - Import - Export
Thelitz 12
D-96272 Hochstadt
www.hans-ender.de

Weidenart Heid
Markus Heid
Am Otterbach 21
D-76777 Neupotz
http://weidenart-heid.de

Freitag Weidenart
Feldfahrt 2a
D-85354 Freising
www.freitag-weidenart.com

PEDDIG-KEEL
Bachstraße 4
CH-9113 Degersheim
www.peddig-keel.ch

Kremer Pigmente GmbH & Co. KG
Hauptstr. 41–47
D-88317 Aichstetten
www.kremer-pigmente.de

Werkzeuge

DICTUM GmbH
Donaustraße 51
D-94526 Metten
Deutschland
www.dictum.com

FELCO Deutschland GmbH
Ludwigsburger Str. 71
D-71691 Freiberg/Neckar
www.felco.eu

TINA-Messerfabrik, Friedrich Schwille
Inhaber: Dipl. Kfm. Sieghard Schwille
Am Heilbrunnen 77/79
D-72766 Reutlingen
www.tina-messerfabrik.de

Wichtige Adressen

Staatliche Berufsfachschule für Flechtwerkgestaltung
Kronacher Straße 32
D-96215 Lichtenfels
www.bs-lif.de

Bundesinnungsverband des Deutschen Flechthandwerks
www.flechtwerkgestalter.de

Korbflechter Innung Baden-Württemberg
www.korbmacherinnung.de

IGK Schweiz
Interessengemeinschaft Korbflechterei
CH-3855 Brienz
www.korbflechten.ch

Verein Flechtwerk
www.flechtwerk-ev.de

Flechtgestaltung
Rena Gerullis
Mühlweg 8
71334 Waiblingen
www.flechtgestaltung.de

Korb- und Stuhlflechterei
Martina Fuchs
Kronenstraße 8/1
72108 Rottenburg

Museen

Korbmuseum Michelau
Bismarckstraße 4
D-96247 Michelau
Internet: www.korbmuseum.de

Korbmuseum Dalhausen
Lange Reihe 23
D-37688 Beverungen
www.korbmacher-museum.de

FLECHTMUSEUM Thun
Therese Leutwyler
Neufeldstraße 6
CH-3604 Thun
therese.leutwyler@flechtereien.ch
www.flechtereien.ch
www.mmBE.ch

Korbmachermuseum Buschdorf
Thea Müller
Lehmannshöfel 28
D-15328 Zechin
http://oderbruchpavillon.de/bausteine/heimatwissen/korbmachermuseum-buschdorf.html

Thüringer Korbmachermuseum
Lindenberg 9 (Schloss)
D-99438 Bad Berka
www.thüringer-korbmachermuseum.de

Bildquellen

delfter-fliese.de: Seite 9
Federseemuseum Bad Buchau: Seite 8
Bernd Holtwick, Biberach: Seite 5
LWL-Freilichtmuseum Detmold, Bildsammlung: Seite 12, 13, 14, 16, 17, 18
Alle weiteren Fotos sowie das Titelbild fotografierte Maik Gerullis.

Register

Haftung
Autoren und Verlag haben sich um richtige und zuverlässige Angaben bemüht. Fehler können jedoch nicht ausgeschlossen werden. Eine Garantie für die Richtigkeit der Angaben kann aber nicht gegeben werden. Haftung für Schäden und Unfälle wird aus keinem Rechtsgrund übernommen.
Hinweis: Der Verlag ist nicht verantwortlich für die Inhalte der im Buch genannten Websites.

Bibliografische Information der Deutschen Nationalbibliothek
Die Deutsche Nationalbibliothek verzeichnet diese Publikation in der Deutschen Nationalbibliografie; detaillierte bibliografische Daten sind im Internet über http://dnb.d-nb.de abrufbar.

Wollgrasweg 41, 70599 Stuttgart (Hohenheim)
E-Mail: info@ulmer.de
Internet: www.ulmer.de
Umschlagentwurf: Atelier Reichert, Stuttgart
Lektorat: Helen Haas
Herstellung: Thomas Eisele
Satz: pagina GmbH, Tübingen
Reproduktion: TBM-Repro, Remseck
Druck und Bindung: Westermann Druck, Zwickau
Printed in Germany

ISBN 978-3-8001-0896-1